U0895193

Research on the Impact of Shadow Banking on Monetary Policy in

CHINA

中国影子银行对货币政策影响研究

朱方圆 / 著

中国财经出版传媒集团

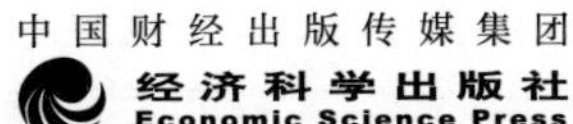

经济科学出版社
Economic Science Press

图书在版编目（CIP）数据

中国影子银行对货币政策影响研究／朱方圆著．—北京：经济科学出版社，2020.10
ISBN 978－7－5218－1731－7

Ⅰ.①中…　Ⅱ.①朱…　Ⅲ.①非银行金融机构－影响－货币政策－研究－中国　Ⅳ.①F822.0

中国版本图书馆 CIP 数据核字（2020）第 130957 号

责任编辑：宋艳波
责任校对：王肖楠
责任印制：李　鹏　范　艳

中国影子银行对货币政策影响研究
朱方圆／著
经济科学出版社出版、发行　新华书店经销
社址：北京市海淀区阜成路甲 28 号　邮编：100142
总编部电话：010－88191217　发行部电话：010－88191540
网址：www.esp.com.cn
电子邮箱：esp@esp.com.cn
天猫网店：经济科学出版社旗舰店
网址：http://jjkxcbs.tmall.com
北京季蜂印刷有限公司印装
710×1000　16 开　10 印张　180000 字
2020 年 11 月第 1 版　2020 年 11 月第 1 次印刷
ISBN 978－7－5218－1731－7　定价：46.00 元
（图书出现印装问题，本社负责调换。电话：010－88191510）

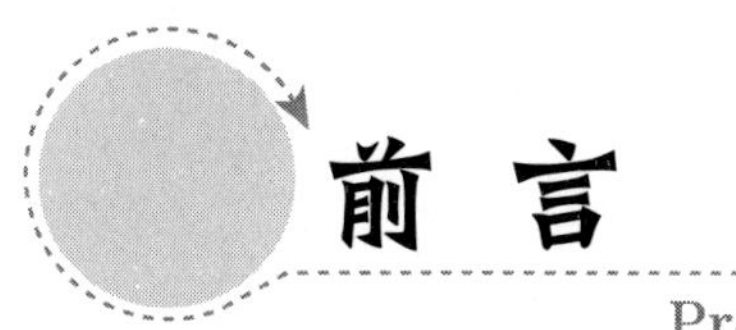

前言

Preface

近几年来，作为中国金融业创新的业务模式，影子银行满足了正规金融机构所满足不了的融资需求，作为金融市场的有力补充，在金融领域扮演着十分重要的角色。影子银行的发展已经对宏观经济产生了重要影响，这种影响的程度已经不容忽视。货币政策作为宏观经济调控最重要的政策手段之一，其有效性问题一直是学者研究的重点，也是金融领域比较核心的问题。本书以中国影子银行对货币政策的影响为研究对象，深入研究中国影子银行对货币政策工具、货币政策的中介目标和货币政策最终效果的影响，该研究对影子银行的健康发展和中国货币政策的有效实施有着十分重要的意义。

从目前国内外的研究可以看出，影子银行对货币政策的影响体现在货币供给量、传导渠道和政策效果上。这些研究更多是从单一的某个方面出发，多角度研究影子银行对货币政策的影响较少。货币政策调控涉及政策工具的使用、中介目标的选取及最终目标的实现情况，本书关于影子银行对货币政策的影响尝试从这三个方面进行研究。

本书主要分四大部分七个章节进行研究：第一部分主要介绍本书的研究背景和意义、国内外研究情况、全书的结构安排、主要的研究方法及创新点与不足之处；第二部分是对中国影子银行产生原因、运作模式、风险特征及发展现状进行了分析，对金融创新理论、金融中介理论、货币政策理论等进行了阐述，为接下来的研究奠定了基础；第三部分对中国影子银行如何影响货币政策进行理论分析、提出理论推论，分三个章节分别实证分析了中国影子银行对货币政策工具的影响、对货币政策中介目标的影响、对货币政策效果的影响；第四部分阐述了研究结论和政策建议。

本书从货币政策工具、货币政策中介目标、货币政策最终目标三个方面研究影子银行对货币政策的影响，希望本书的研究成果能够为合理发展影子银行提供帮助，也可以为货币政策的制定提供参考。

目 录

Contents

第1章

绪　论

1.1 研究背景

随着中国经济的发展和金融市场的进一步完善，金融创新产品不断涌现，金融市场也呈多层次发展，为企业提供了多种融资方式，为公众提供了多种资产配置工具。在国内较好的金融环境下，传统的商业银行和其他非银行金融机构都在不断进行金融产品和服务的创新，不断加强相互之间的合作。2008 年金融危机爆发后，影子银行的发展越来越受到经济学家的关注，其影响的领域和作用的范围越来越广，对经济发展的影响也越来越深入。传统的金融格局已经发生改变，金融创新产品的涌现使银行的人民币信贷规模占社会融资规模的比重不断下降，影子银行发展迅速，为中国的社会融资提供了更广阔的渠道。

2016 年，中央银行继续实施稳健的货币政策，保持松紧适度，适时预调微调，增强针对性和灵活性。2015～2016 年，对实体经济投资的回报率下降，资金从实体经济向虚拟经济转移。同时，中小企业融资难问题并没有根本解决，商业银行的资金大部分仍然投向了那些产能过剩的国有企业，使这些企业的杠杆率进一步上升。2015 年 12 月，中央提出对产能过剩的企业进行整顿，加快去杠杆的速度。截至 2017 年 6 月，金融去杠杆已初见成效。这一时期，中央银行加强了对银证业务和银信业务的监管，银行通过过桥机构和过桥企业的形式对监管加以规避，这种形式相对于传统贷款业务来说资金链条更长。

金融危机爆发后，我国一直实行稳健的货币政策，只是稳健的货币政策又略有宽松和从紧，针对宏观经济发展形势进行调整。为了规避监管，近十年来，银行的存款向理财产品转移，贷款向表外转移，黄益平（2012）认为以信托贷款为主的中国影子银行的发展是对紧缩性货币政策的一种反应，是金融创新的一种形式。在稳健的货币政策下，影子银行机构的流动性较为充裕，而当前实体经济回报率的下降使资金愈加趋于流入影子银行机构，影子银行规模不断扩张，对货币政策工具、货币政策的中介目标以及货币政策实施效果的影响已经越来越大。

1.2 研究意义

近几年来，作为中国金融业创新的业务模式，影子银行满足了传统金融机构所满足不了的融资需求，作为传统金融机构的有力补充，在金融领域扮演着十分重要的角色。影子银行的发展已经对宏观经济产生了重要影响，这种影响的程度已经不容忽视。货币政策作为宏观经济调控的最重要的政策手段之一，其有效性问题一直是学者研究的重点，也是金融领域比较核心的问题。学术界对货币政策有效性的分析角度各有不同，但主要目的是去除阻碍货币政策有效性的因素，合理利用影响货币政策有效性的因素，从而使货币政策更大地发挥效用，以达到实现物价稳定、经济增长、充分就业和国际收支平衡的货币政策最终目标。

加强金融监管是中国经济新常态下影子银行健康发展的重要环节。21世纪初，中国实行了银行、证券、保险分业监管的监管格局，这种监管格局保证了中国金融体系的稳定及金融资源配置的有效性，但是这种分业监管也使监管出现重复或真空，监管套利现象愈发显现。金融危机后影子银行的发展已经凸显出监管问题的严重性。对影子银行进行有效监管，要求能够对影子银行进行较为准确的统计，这就需要加强和完善我国当前的影子银行监测体系。目前，中国影子银行业务也具有类似传统商业银行职能的信用中介业务。影子银行的存在和发展，一方面在一定程度上弥补了中小微企业的融资缺口，满足了中国经济当前多层次的融资需求问题，对经济的发展有促进作用；另一方面影子银行会参与信用创造过程中，影响货币供应量，对货币供应量的可控性和可测性造成影响，同时对货币政策的有效性产生影响，增加货币政策调控和金融监管的难度。所以，对影子银行问题的研究，尤其是关于影子银行对货币政策有效性影响的研究对于如何看待目前中国影子银行问题以及如何合理利用影子银行来强化货币政策效果具有重要的理论和现实意义。

本书以影子银行如何影响货币政策为研究对象，包括如何影响货币政策工具、货币政策的中介目标和货币政策最终效果，该研究对影子银行的健康发展和中国货币政策的有效实施有着十分重要的意义。

（1）进一步丰富中国货币政策有效性相关理论成果。影子银行的发展影响了金融体系的稳定性，影响了货币政策的有效性，推动了金融市场的创新和金融结构的变化。当前，对影子银行的研究成果越来越丰富，学者们从不同的角度进行研究，如影子银行的风险溢出问题、影子银行的信用创造问题、影子银行对货币政策的影响等，但由于影子银行业务的隐蔽性，统计数据相对不容易获得，一般都会按照一定的理论进行推算，使研究的结论也并不一致，研究缺乏系统性和权威性。有关中国影子银行与货币政策的研究角度众多，主要集中于对货币供应量和传导机制的影响，研究方法中线性角度居多，非线性角度的研究较少。所以，本书的研究希望能为中国货币政策有效性理论提供具有一定参考价值的研究方法和结论。

（2）为合理发展影子银行提供帮助。本书通过分析影子银行发展情况，并对影子银行、货币政策的相关理论和研究成果进行归纳总结，力求结合中国金融实际的发展状况，研究如何使影子银行健康发展以保证经济的平稳运行。在研究过程中以现代金融理论为基础，从理论角度分析中国影子银行对货币政策的作用机制，建立线性和非线性实证模型分析中国影子银行对货币供给量、利率、国内生产总值（GDP）和消费者物价指数（CPI）的影响，从结论中分析如何有效利用影子银行为经济发展服务，从而为中国影子银行的健康发展提供帮助。

（3）为中央银行货币政策制定和执行的决策提供依据。本书分析了中国影子银行对中国货币政策的影响效应，为中央银行货币政策的制定和金融监管部门对影子银行进行监管提供一定的理论依据，为维护金融的稳定和货币政策的有效性、推动经济平稳发展作一些贡献。影子银行问题是自金融危机以来越来越受到关注的金融问题，金融领域的各个方面或多或少都受到影子银行的影响，总的来看有对货币政策的影响、对银行的风险溢出效应的影响、对金融稳定的影响，本书仅从货币政策角度探讨影子银行的影响。研究影子银行对货币政策的影响，对于未来如何更好地发挥影子银行的积极作用、如何提高货币政策的实施效果、如何有效地对其进行监管从而维护金融体系的安全与稳定、促进经济增长具有重要的现实意义。

1.3 文献综述

1.3.1 国外文献综述

1. 对货币供应量的影响

格利和肖（Curley & Shaw，1960）研究发现，除了银行体系可以进行信用创造外，非银行金融机构也能够通过某些金融创新产品参与信用创造过程。戈顿和彭纳基（Gorton & Pennacchi，1990）认为非银行金融机构能够提供等同于货币的流动性。克鲁格曼（Krugman，2001）认为影子银行可以通过不断的金融创新从而获得更高的流动性。戈顿和迈特里克（Gorton & Metrick，2009）分析了影子银行的运行机制，通过研究发现，影子银行可以进行信用创造，具有货币供应机制。德威尔和特卡（Dwyer & Tkac，2009）认为19世纪70年代美国产生的货币市场基金，是由于存在对利率的管制，货币市场基金逐渐发展成影子银行重要的资金来源渠道。货币市场基金通过流动性渠道将风险扩散至整个银行系统，不仅对银行体系造成影响，对整个金融体系的稳定也产生了影响。影子银行通过自身独有的运行机制为实体经济提供资金，通过参与信用创造过程来影响货币供给，利用其运行的隐蔽性对货币政策产生影响。申（Shin，2009）认为影子银行的发展会扩大货币乘数，从而扩大货币供给量，影响中央银行的宏观调控效果。他认为影子银行参与信用创造是对货币政策造成冲击的最主要原因。雷森德（Rezende，2011）认为影子银行的产生和发展为金融市场主体提供了更多的投融资渠道，使投资者和融资者不再仅仅依靠银行的资金，进而影响了货币政策目标的实现。安德鲁等（Andrew Sheng et al.，2011）运用大量的数据实证分析了影子银行的影响，他认为影子银行会使货币政策的执行存在困难，效果难以实现；影子银行会扩大货币供给量。同时提出应将影子银行纳入货币供应量的统计中。莫（Moe，2014）研究发现，影子银行信用创造活动是建立在价值波动性很强的抵押品的基础上，这样会造成整个金融体系风险增加，中央银行对影子银行信用创造活动必须严格监管，限制影子银行体系的信用扩张，尤其是对经济繁荣阶段货币增长的控制要更加严格。吉梅内斯等（Jimenez et al.，2014）的研究表明，影子银行的规模不会因为紧缩性的货币政策而下降，货币政策的收紧只能控制商业银行的信贷规模，即影子银行参与货币供给。

2. 对货币政策传导渠道的影响

米什金（Mishkin，1996）认为利率作为货币政策的中介指标，一直以来对货币政策传导机制有着重要作用。在理论上，从重要性的角度来看，货币政策的利率传导渠道和信贷传导渠道是历来主要讨论的理论重点。一些学者通过研究发现，货币政策对不同的金融机构影响不同，如弗雷科萨斯和乔治（Freixas & Jorge，2008）在研究中论述了货币政策的信贷传导渠道对不同类型的金融机构所产生的不同影响，发现货币政策最终的效果与不同金融机构的性质相关。波扎尔和辛格（Pozsar & Singh，2011）认为影子银行和货币政策是相互影响的：影子银行参与信用创造从而影响货币政策的效果；而由于影子银行存在监管套利，使在扩张的货币政策下影子银行的风险加剧。克莱森斯等（Claessens et al.，2012）通过研究也发现了影子银行和货币政策存在着相互作用，货币政策的传导机制中已经不可避免地包括了影子银行这一资本市场重要因素。波扎尔等（Pozsar et al.，2012）认为影子银行的本质是一种信用中介，虽然对于影子银行产生的原因解释并不统一，但就其实质发挥的作用来看，影子银行执行着信用中介的职能。伯南克（Bernanke，1983）、伯南克和格特勒（Bernanke & Gertler，1989）等研究发现影子银行同样可以通过货币政策信贷传导渠道发挥作用，对于信贷传导渠道的研究应该考虑影子银行的作用。李建军和许萨拉认为中国的影子银行对货币政策传导机制存在影响，原因在于虽然影子银行的总规模并没有商业银行的总规模大，但是其贷款规模却高于商业银行。马泽利斯（Mazelis，2014）发现影子银行规模的增加会削弱货币政策的信贷传导渠道的效果。通过运用 DSGE 模型实证分析了影子银行通过信贷渠道对政策冲击所产生的反应，同时也分析了传统商业银行在资产负债表渠道下对于政策所带来的冲击而产生的反应，发现影子银行的影响已经不容忽视。芬克等（Funke et al.，2015）通过运用 DSGE 模型，实证分析了传统商业银行、影子银行和货币政策三者之间的相互关系和作用，结果发现，货币政策传导渠道效果提升的办法是进一步推进利率市场化，利率市场化能够有效增强货币政策传导的效果，能够使实体经济具有更强的抗风险性，能够在一定程度上缓解金融脱媒现象，从而在一定程度上控制影子银行非预期膨胀。

3. 对货币政策效果的影响

卡鲁阿纳（Caruana，2011）认为中央银行对影子银行的监管不到位，或者说放松了监管，使整个金融体系的流动性风险加剧，金融体系的稳定性和政策效果均受到影响。德恩和斯特克（Den Haan & Sterk，2011）、劳茨基娜（Loutskina，2011）认为影子银行的业务可能会造成“水床效应”，由于影子银行业务具有货币政策调控的逆周期性，所以当中央银行实行紧缩性的货币政策时，商业银行的信贷活动会受到约束，企业可以通过所受到监管较少的影子银行业务进行融资，这样商业银行既可以绕开贷款的限制，又可以规避监管当局的信贷监管。研究发现，紧缩性的货币政策可以对商业银行的信贷业务进行约束，但会刺激影子银行业务规模的扩展。弗雷科萨斯和乔治（Freixas & Jorge，2008）对紧缩性货币政策下影子银行规模的扩张进行了解释，认为传统商业银行与影子银行相比资产变现能力较差，在紧缩的货币政策下所面临的资金成本更高，所以削减贷款的发放数量即紧缩性货币政策对传统金融机构影响效果显著。博里奥（Borio，2013）提出当前保持货币政策稳定并有效的关键是对影子银行进行适当的监管。吉梅内斯等（Jimenez et al.，2014）通过研究也发现，紧缩性货币政策对信贷规模的有效控制主要体现在对商业银行的控制上，对影子银行规模的限制基本无效，甚至会促进影子银行规模的上升。法比奥等（Fabio Verona et al.，2011）研究了影子银行对货币政策影响的机制，运用动态一般均衡模型，并在模型中加入影子银行进行实证分析，研究发现扩张的货币政策能够促进影子银行的发展，但影子银行阻碍了货币政策目标的实现。安德鲁等（Andrew Sheng et al.，2011）提出应该将影子银行纳入货币供给量的统计中，广义货币供给量 M2 已经不足以代表当前金融领域的货币量，应该设置 M5（M5 = M2 + 影子银行创造的货币量）。通过实证分析发现，影子银行使货币政策制定和执行更加复杂，同时也增加了金融体系的风险，影响了整个金融体系的稳定性。伍德福德（Woodford，2010）研究发现，紧缩性货币政策下利率的提高可以降低企业对商业银行的信贷需求，同时也收缩了金融机构的信贷供给，但这反而会促进影子银行等金融机构的信用扩张。

1.3.2 国内文献综述

1. 对货币供应量的影响

国内学者通过研究发现，影子银行参与信用创造从而影响货币供应量。易宪容等（2009）指出影子银行参与了信用创造，成为信用扩张的新工具。周小川（2011）指出，影子银行的某些业务可能具有信用创造的功能，并且能够使货币乘数上升。周莉萍（2011）认为，自金融危机以来非金融机构货币供给行为不断增多，金融创新层出不穷，货币乘数的理论基础受到很大影响。尤其是2008年世界金融危机以来越来越受到重视的影子银行体系，其能够参与信用创造的过程中，而其创造的流动性却没有作为货币计入货币的统计中，使货币供给量的指标作用下降。袁增霆（2011）研究发现影子银行虽然在监管与央行的调控之外，也不独立于传统的商业银行体系，但是影子银行却也具有信用中介的职能，所以，应该将影子银行纳入货币的统计范畴，扩充货币层次划分的范围，能够使货币统计更加准确，更好地为央行的货币政策决策服务。周莉萍（2011）研究发现，影子银行的信用创造增大了中央银行对货币乘数的估算难度，其信用创造机制不能完全替代商业银行的信用创造机制，仅具有有限的替代效应。阎庆民和李建华（2014）指出影子银行的存在使外生的货币供给量指标内生化，而对内生的货币供给量进行控制是无效的。颜永嘉（2013）认为影子银行是一种新的金融生态模式，它通过金融创新的手段用更长的信用链执行了传统商业银行的信用创造职能，对经济增长有一定的促进作用。李向前、诸葛瑞英和黄盼盼（2013）通过实证分析发现影子银行系统具有信用创造功能，能够放大货币乘数，减少或一定程度抵消货币政策最终目标的实现；降低了再贴现、再贷款等货币政策工具的调控效果，模糊了窗口指导的口径；对货币政策中介目标的可测性和可控性均产生了影响；对货币政策的信贷传导渠道和利率传导渠道均有不利影响；影响了整个金融体系的稳定性。刘润佐、王光远和罗钢青（2014）从信托公司的角度分析了影子银行的信用创造机制，区分了“信用增加”和“货币增加”、“信用创造”和“信用扩张”这两组概念。通过分析发现，传统商业银行在整个社会融资中的比重越来越低，影子银行对现有的金融体系造成了很大的冲击。由于影子银行的存在，整个社会的信用渠道被拓宽；银行理财等金融产品的增加会削弱数量型货币政策工具的效力；影子银行能够促进金融结构的转变和商业银行业务模式的创新。

一些学者论证了影子银行参与信用创造从而影响货币供应量，并进一步研究了影子银行如何影响货币供应量。王增武（2010）通过对银行理财产品市场的实证分析发现，影子银行的存在使货币供给量上升，增加了中央银行对信贷规模控制的难度。影子银行的存在改变了货币统计上的意义，使货币供给量作为货币政策中介指标的可测性和可控性下降，从而影响了其与经济增长等货币政策最终目标的相关性。李扬（2011）认为影子银行的存在增加了货币供给，其业务活动却没有得到有效的监管，金融危机后影子银行规模的扩张对中央银行和政府部门的经济调控手段带来了很大影响。陈剑和张晓龙（2012）采用 SVAR 模型对影子银行进行实证分析，研究结果表明影子银行会增加货币供给，促进经济发展。李存和杨大光（2016）通过构建 VAR 模型，实证分析了影子银行与经济增长、物价稳定和货币供给量之间的关系，研究发现三者具有长期的协整关系。影子银行能够引起经济增长、物价和货币供给量变动，能够促进经济增长，但这种促进作用有一定的时滞，在长期能发挥这种正向的促进作用；影子银行会带来更严重的通货膨胀；影子银行对货币供给量会产生很大影响，从而导致货币政策效果降低。胡碧和曹宝玉（2015）分析了影子银行对货币供应量统计的影响，认为影响主要体现在四个方面：第一，由于统计方法上的不完善，使得当前一些存款性金融机构的货币也有一部分并未被计入到货币供应量的统计中；第二，存在于监管之外的非存款性金融机构的货币资金也未被统计到货币供应量中；第三，由于一些非金融机构没有财务制度导致其从事金融活动时资金也没有被计入货币供应量中；第四，影子银行对当前货币层次的划分存在一定的影响。周启清、韩永楠和孙倩（2015）通过构建误差修正模型研究影子银行与狭义货币供给量 M1 和通货膨胀之间的关系，结果表明，影子银行与通货膨胀具有正相关关系，即影子银行会加剧通货膨胀。王博和刘永余（2013）认为影子银行不仅在当期对货币供给量造成影响，还会通过宏观反馈效应影响将来的信贷循环系统，对货币政策的执行增加了难度，同时也使金融市场流动性波动加剧，金融风险上升。

一些研究表明，影子银行会影响货币供应量，货币供应量也会影响影子银行，两者具有相互作用。李小开（2013）采用 VAR 模型实证分析了影子银行与货币供给量之间的相互关系。研究发现影子银行与货币供给量互为格兰杰因果关系，并且两者具有正向的相互作用。李新功（2014）利用 VAR 模型实证分析了影子银行对货币供应量的影响，研究发现两者具有相互的作用，互相影响的程度有所不同，而且这种作用具有一定的时滞性，但影响在长期是稳定的。在研究中也指出，影子银行扩大了货币供给，对货币政策调控造成了影响。张鹏（2014）也对影子银行影响货币供给的作用机制进行了研究，得出的结论与上述研究基本相同。史焕平和李泽成（2015）通过构建 MS - VAR 模型进行实证研究，选取 MSIH(2) - VAR(2)模型进行具体分析，研究发现，在扩张性的货币政策下影子银行增速较低，在紧缩的货币政策下影子银行增速较高；货币供给量增速上升会促进影子银行增速上升，但在不同区制下影子银行的增速变化不同。

由于影子银行的存在，一些学者认为货币供应量作为货币政策中介目标的作用在减弱。丁文丽（2002）通过研究发现，金融创新和金融自有化会使货币供给量作为货币政策中介目标的可控性和可测性下降，所以应该积极推进利率市场化，逐渐转变为以利率为货币政策的中介目标。范从来（2004）通过实证分析发现，货币供给量作为货币政策的中介目标的作用下降，但仍然具有一定的重要性。当前应该加快利率市场化进程和汇率市场化建设，为使货币供应量作为货币政策中介目标的作用最大化发挥创造条件。汤克明（2013）指出影子银行增加了中央银行信用调控的难度，冲击了传统的货币乘数论，同时也干扰了货币政策的利率传导机制。杨云（2015）认为由于影子银行的存在使货币供给量作为货币政策中介目标的作用逐渐下降，对货币的内涵造成了冲击，数量型货币政策指标的可测性和可控性下降，给货币政策的执行带来了很大的难度，货币政策中介目标应该向价格型目标逐渐过渡。崔治文和刘建平（2015）认为影子银行对经济增长有正面效用，但其参与信用创造过程削弱了货币供给量作为货币政策中介指标的有效性，提出应该考虑将社会融资规模纳入货币政策指标中进行考虑。曹军新（2015）认为社会融资规模概念的提出是中国货币政策的理论和实践的一大创新，补充了原有货币统计的一些不足，但从可测性、可控性和相关性的角度来看，这一指标作为货币政策中介目标还需要对其进行进一步完善。

2. 对货币政策传导渠道的影响

骆振心和冯科（2012）研究发现，由于影子银行能够通过金融创新产品提供一定的信贷资金，但信贷供给具有一定的隐蔽性，同时影子银行的资金定价机制又造成了利率的半市场化，所以影子银行对货币政策的信贷传导机制和利率传导机制都造成了影响。王振和曾辉（2014）利用结构向量自回归模型实证分析影子银行对货币政策传导机制的影响，研究发现：影子银行与货币供给量、利率、信贷量、通货膨胀、GDP 等均有密切的联系；影子银行的发展对货币政策传导机制存在影响，分析了对利率传导机制和信贷传导机制的影响；影子银行能够使货币供应量增加，两者存在正向关系，并且这种正向影响有增加的趋势，这在一定程度上增加了中央银行宏观调控的难度；由于我国一直以来存在对利率的管制，所以从利率的角度看影子银行的作用不明显。

一些研究发现，影子银行主要通过信贷传导渠道产生影响。李媛和解凤敏（2014）指出影子银行业务活动会影响货币政策的传导，会造成“总量渗漏”。所谓“总量渗漏”是由于影子银行能够参与信用创造，这一活动对货币供给量和货币流通速度都有影响，也就是说一部分资金会“渗漏”到影子银行，会给货币传导带来影响。文章又从扩张和紧缩的货币政策角度探讨了“渗漏”的影响，指出在扩张的货币政策下，经济快速发展，需求旺盛，影子银行能够通过“渗漏”补充传统银行信贷供给的不足，但是在紧缩的货币政策下，由于央行的政策意图是紧缩经济，减少货币供给，但影子银行的“渗漏”削弱了紧缩性货币政策的传导效果。王铭利（2015）通过以制造类上市公司为样本从微观层面证明了广义的信贷传导渠道的存在，同时对比研究了狭义的信贷传导渠道和广义的信贷传导渠道，发现广义信贷传导渠道能够使企业的外部融资水平得以大幅度提升，所以影子银行会削弱紧缩性货币政策的效力。提出中央银行要保证货币政策效果的实现就应该加大对广义信贷的监测力度。董运佳（2015）认为影子银行最主要的影响是对信贷传导渠道的影响，尤其是对 M2 指标的有效性的影响。影子银行影响货币供给从而影响货币供给对利率、信贷额、资产价格等中间变量的传导。

3. 对货币政策效果的影响

李波、伍戈（2011）认为影子银行有其独特并且独立的运行机制，这种机制在货币政策调控范围之外，给货币政策的制定和执行带来很大的挑战。研究归纳了四个方面的挑战：第一，影子银行的杠杆率很高，对金融机构的资产质量和金融体系的稳定性都有影响，一旦危机发生，中央银行对其最后的救助会对货币政策造成系统性冲击；第二，影子银行对货币政策的各级目标都有影响；第三，货币政策工具的效力在影子银行的作用下也受到一定程度的影响；第四，影子银行可能会导致资产泡沫，从而加剧货币政策调控的难度。黄隽（2011）认为货币流通速度也会受到影子银行的影响，从而会影响到货币政策工具对货币供给量的调控，进而影响货币政策实施的效果。姚军和葛新峰（2011）认为影子银行主要是对信贷调控的效果产生很大的影响。影子银行业务的发展会导致央行对流动性控制能力的下降，使抑制经济过热和防范通货膨胀的政策难度增大，同时加剧了系统性风险。徐滢和周恩源（2011）分析了影子银行的运作机制，发现影子银行加剧了经济和金融的不稳定性，从而影响货币政策的有效实施。陈剑和张晓龙（2012）通过实证分析发现影子银行的发展是一把“双刃剑”。从对经济的影响角度来说，影子银行对经济增长有显著促进作用；从对货币政策的影响角度来说，影子银行削弱了货币政策的效果。毛泽盛、许艳梅（2015）研究发现影子银行对不同类型的货币政策均具有显著影响，对紧缩性货币政策的影响较大。货币政策本身的作用就具有非对称性，而影子银行的影响弱化了这种紧缩性货币政策和扩张性货币政策的非对称性。张喜玲、周远慧和程方泽（2015）研究发现影子银行对经济增长有比较显著的负面效应，对货币供给量也产生负向作用，同时影子银行的发展能够促进物价的上升，影响货币政策的效果实现。胡振华、王振和文兴易（2015）通过扩展 IS－LM 模型进行理论分析，建立结构向量自回归模型研究影子银行对货币政策的作用效果。研究发现，影子银行对利率传导渠道和信贷传导渠道均会造成影响，也会影响央行对货币供给量的控制能力，使宏观调控效果被严重削弱。同时，影子银行的发展对经济增长具有促进作用，但其资金容易向见效快的行业流入，具有短期逐利的特性，容易引发经济危机。蔡雯霞（2015）基于 IS－LM 模型和 CC－LM 模型，通过构建向量自回归模型实证分析了影子银行、货币供给量、CPI 的关系，研究发现，三者之间存在长期并且稳定的关系；认为影子银行使传统银行在货币政策传导中的作用越来越小；由于影子银行的存在使货币政策不能发挥其原有的告示效应，不能反映货币当局的真实政策意图；加剧了资产价格的波动，对货币政策资产价格渠道的效果造成了影响；使金融市场中货币供给量非预期增加，加大了货币政策控制的难度及效果的不确定性。

一些学者从影子银行周期性特征研究其对货币政策效果的影响。周莉萍（2013）通过研究发现影子银行具有顺周期性，这强化了影子银行与经济之间的动态关系。裘翔和周强龙（2014）通过实证分析发现，正向的利率冲击会导致影子银行规模扩张和高风险企业加杠杆，负向的利率冲击会导致相反的结果。影子银行具有逆周期的特征，显著削弱了货币政策的有效性。李从文（2015）研究发现了影子银行具有货币政策调控的逆周期特性，这种特性提高了价格型货币政策的有效性，削弱了数量型货币政策的效果；同时，影子银行又具有经济发展的顺周期特性，能够促进经济增长并有效抑制通货膨胀。解凤敏和李媛（2014）认为影子银行能够进行信用创造，从而扩大了货币乘数，同时，影子银行具有顺周期变化的特性，这种特性会干扰货币政策调控，削弱货币政策调控效果。

有研究认为货币政策对影子银行具有影响，也有研究认为两者是相互影响的。王钰和李从文（2015）认为紧缩的货币政策会使影子银行的规模上升，而此时货币政策的收紧只会影响商业银行的信贷量，所以会出现“水床效应”；影子银行的发展削弱了货币政策的效果，增大了监管的难度；传统的信贷、影子银行业务和货币政策之间的动态关联性由于自我预期的强化作用而增强。朱恩涛、张小雅和翁玉颖（2016）认为货币政策与影子银行发展具有相互影响，经济的发展会促进影子银行扩张，宽松的货币政策也会使影子银行规模增加，而影子银行的存在对货币政策效果具有冲击性。

1.3.3 国内外运用的主要研究方法

影子银行对货币政策影响的相关实证研究文章在 2014 年以后逐渐增多，之前都是一些定性分析和归纳对比分析。对于这一问题的实证分析主要集中采用向量自回归模型。李向前、诸葛瑞英和黄盼盼（2013），王晓枫、申妍（2014），王振和曾辉（2014）运用 VAR 模型研究影子银行如何对货币政策发挥作用。解凤敏、李媛（2014）利用向量自回归模型和状态空间模型研究影子银行与传统商业银行的关系，同时研究了影子银行对货币政策效果的影响。除上述利用向量自回归模型研究该问题外，蔡镇锐（2014）利用 DCC－MVGARCH 模型分析了货币政策和市场资金在影子银行影响下的表现，对影子银行与二者之间的关系进行了实证检验。彭文玉和孙英隽（2014），胡振华、王振和文兴易（2015），董运佳（2015）利用 SVAR 模型分析了影子银行对货币政策的作用效果，实证分析了影子银行如何影响货币政策有效性。毛泽盛和许艳梅（2015）同样借助于 SVAR 模型，同时运用 CC－LM 模型进行理论分析，通过实证分析发现对于紧缩性货币政策和扩张性货币政策来说，影子银行的影响程度不同，对于紧缩性货币政策的影响程度更大。研究认为货币政策存在非对称性，但影子银行的存在弱化了这种效应。史焕平和李泽成（2015）通过构建包含影子银行增长率、M2 增速及经济增长率的 MS - VAR 模型，分两个区制研究了影子银行对经济增长的影响。

目前，比较前沿的分析工具是动态随机一般均衡（DSGE）模型，学术界也将这种模型应用到影子银行与货币政策相互作用的研究中。法比奥等（Fabio Verona et al.，2013）通过 DSGE 模型实证分析发现，扩张性货币政策实行时间较长，会使经济中流动性过剩，能够为影子银行发展提供条件。影子银行的发展会在某种程度或某种条件下阻碍货币政策目标的实现。普兰廷（Plantin，2014）通过构建 DSGE 模型对影子银行如何影响商业银行信贷渠道进行了实证分析。王淼（2013）构建了 DSGE 模型，该模型建立了一个金融系统，该系统包含两个部门，其中包括了影子银行体系，并用贝叶斯技术估计了稳态下模型的参数，观测了我国货币政策传导路径的具体情况。裘翔和周强龙（2014）将影子银行体系引入 DSGE 模型，并考虑了中国特有的影子银行特点，研究了影子银行如何对货币政策传导产生影响。

1.3.4 文献述评

中国影子银行在一定程度上缓解了中小微企业融资难问题，对传统金融机构形成了有力的补充，在一定程度上促进了经济的发展。但是，影子银行的资金扰乱了整个社会的货币供给，影响了货币供给量作为货币政策中介指标的可测性和可控性，这也是大多数学者研究的共识。从国内外的研究可以看出，影子银行对货币政策存在影响，这些影响体现在货币供给量、传导渠道和政策效果上。目前影子银行对货币政策作用的研究还更多的从单一方面出发，系统性的研究还较少。货币政策调控涉及政策工具的使用、中介目标的选取及最终目标的实现情况，对于影子银行如何作用于货币政策这一问题应该进行全方位的研究。

在现有文献的研究中，多数学者采用线性方法研究影子银行对货币政策的影响，较少关注不同的货币政策下影子银行对货币政策效果的影响以及作用的强度问题。采用的方法也大多是 VAR 模型理论、脉冲响应函数分析方法，也有一些学者尝试运用 DSGE 模型来分析影子银行对货币政策的影响。根据本书的研究目的，综合国内外的研究文献，本书通过建立 VAR 模型、SVAR 模型和 MSVAR 模型实证分析影子银行对我国货币政策的影响，在分析影子银行对货币政策效果的影响时进行分渠道、分目标、分政策的深入对比研究，为影子银行的健康发展提供参考。这三个模型虽然没有 DSGE 模型复杂，但是对于本书所要研究的问题是适合的，也足以说明问题。

1.4 结构安排

本书主要从四大部分七个章节展开研究。

第一部分即第 1 章，介绍本书的研究背景和意义、国内外研究情况、全书的结构安排、主要的研究方法和创新点与不足之处。

第二部分即第 2 章，对中国影子银行的概况进行了分析，对金融创新理论、金融中介理论、货币政策理论等进行了阐述，为接下来的研究奠定了基础。

第三部分是全书的主体部分，包括第 3 ~6 章。第 3 章是中国影子银行对货币政策影响的理论分析，系统地阐述并论证中国影子银行对货币政策的影响机理，提出理论推论。影响机理的分析从三个方面进行：对货币政策工具的作用机理分析、对货币政策中介目标的作用机理分析、对货币政策最终效果的作用机理分析，对最终效果的作用机理分析中又分为对信贷传导渠道和利率传导渠道的作用机理分析。第 4 章、第 5 章和第 6 章进行了实证分析。第 4 章是中国影子银行对货币政策工具的影响。首先梳理了 1998 年以来我国的货币政策工具的操作实践情况，其次通过 SVAR 模型实证分析中国影子银行对货币政策工具的影响。第 5 章是中国影子银行对货币政策中介目标的影响。首先阐述了货币供给量的运行情况，对货币供给量指标的运用情况和可控性进行分析；其次对中国的利率环境进行分析，阐明了利率的市场化进程，分析了利率的可控性；最后用 VAR 模型分别实证分析了中国影子银行对货币供给量和利率的影响。第 6 章是中国影子银行对货币政策效果的影响。首先通过因子分析法对影响经济增长和物价水平的因素进行实证检验，为下一步实证分析选取控制变量提供依据；其次运用 MSVAR 模型对影子银行如何影响货币政策效果进行实证分析，影响效果从两个角度分析：影子银行对经济增长的影响效果和对物价水平的影响效果。通过划分扩张性货币政策和紧缩性货币政策两个区制对货币政策最终目标的效果影响进行实证检验，同时也对货币政策效果影响的非对称性有所论证。

第四部分即第 7 章，阐述了本书的主要研究结论和政策建议。

本书的结构框架如图 1 –1 所示。

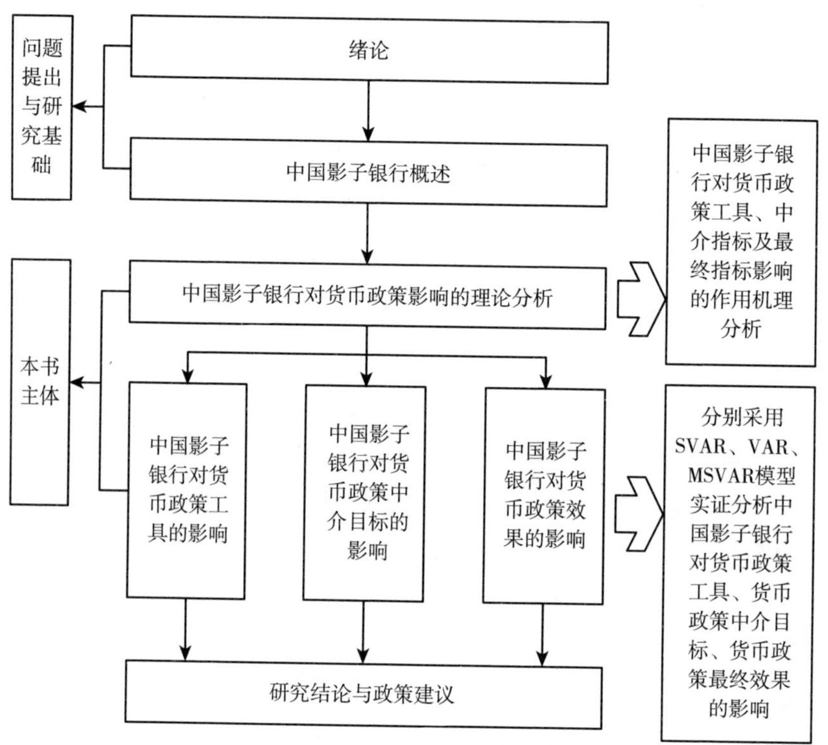

图 1 –1　全书的结构框架

1.5 研究方法

本书采用归纳总结、定性分析、定量分析、比较分析等研究方法进行论证研究。

（1）归纳总结。本书对学术领域在影子银行对货币供给量的影响、对货币政策传导机制的影响的研究成果进行了梳理和总结，并对相关研究成果进行综合评价，为接下来的研究提供突破口。

（2）定性分析。本书对中国影子银行进行了界定，对其产生原因和发展现状进行具体分析。对金融创新、金融中介和货币政策相关理论进行分析，为后续的研究提供理论依据。从对货币政策工具、中介目标、最终目标的作用机制三个方面分析了中国影子银行对货币政策的影响机制。对货币供给量指标的运用情况和可控性进行了分析，对利率的市场化进程和利率的可控性也进行了定性分析。

（3）定量分析。通过 SVAR 模型实证分析中国影子银行对货币政策工具的影响；用 VAR 模型分别实证分析了中国影子银行对货币供给量和利率的影响；通过因子分析法对影响经济增长和物价水平的因素进行实证检验；运用 MSVAR 模型对影子银行如何影响货币政策效果进行实证分析。

（4）比较分析。在论证影子银行如何影响货币政策效果的过程中采用了比较分析的方法。这部分实证分析中运用了马尔科夫区制转移模型，该模型以两个区制即扩张性货币政策和紧缩性货币政策下影子银行对经济增长及物价水平的作用效果，对货币政策的影响程度进行了比较分析。同时，从信贷传导渠道和利率传导渠道考察影子银行对货币政策的影响效果时也采用了比较分析的方法。

1.6 创新与不足之处

1.6.1 创新之处

首先，研究角度的创新。在影子银行对货币政策影响的相关文献中，大多是从某一侧面进行研究，如影子银行与货币供给量的关系、影子银行如何影响货币政策信贷传导渠道、影子银行与信贷周期的关系等，仅有个别研究同时提及了政策工具、中介目标和最终目标；而本书的研究不仅从影子银行对这三方面的影响进行更进一步分析，还研究了不同的货币政策下影子银行通过不同的传导渠道对最终目标的作用效果，这样能够发现影子银行的真实作用效果，为中央银行后续政策的制定提供了一定的依据。

其次，研究方法的创新。在考察影子银行对货币政策工具的影响时采用了 SVAR 模型，把影子银行与货币政策间作用的当期影响考虑进去，能够更加直观发现影子银行对货币政策工具的当期及滞后期的作用情况。在考察影子银行如何影响货币政策最终效果时运用了马尔科夫区制转移模型，以不同的货币政策作为区制划分依据，采用非线性方法针对不同货币政策进行了影响效果的对比分析，同时也对信贷传导渠道及利率传导渠道中影子银行的经济增长和物价水平的作用情况进行了对比分析。

最后，指标选取的创新。在研究影子银行影响的文献中极少选取物价进行研究。本书在研究影子银行对货币政策效果的影响时不仅考虑了经济增长，也考虑了物价。同时在控制变量的选取上，针对经济增长和物价水平进行实证分析时，利用因子分析法提炼影响因素，选取最重要一类影响因素中影响最大的指标作为控制变量，用以增强结果的准确性。

1.6.2 不足之处

一是由于影子银行包括民间借贷等难以统计的数据，而其自身的大部分业务也具有隐蔽性，所以对于影子银行规模的统计数据可能不准确，对实证结果可能会造成一定的偏差。

二是关于影子银行规模的数据统计方法，学术界也并不统一。有的学者只考虑委托贷款和信托贷款之和；有的学者考虑委托贷款、信托贷款和未贴现银行承兑汇票之和；有的学者考虑外部影子银行和内部影子银行，认为整体影子银行规模由内外部影子银行规模之和构成。学术界并没有一个权威的影子银行规模数据统计的准则，所以在选用中具有一定的主观性。

第2章

中国影子银行概述

2.1 影子银行的界定

2.1.1 国外影子银行的界定

美国太平洋投资管理公司执行董事保罗·麦卡利（Paul McCulley）在2007年提出“影子银行”一词，这个金融术语一经提出便得到了广泛关注，学术界纷纷从不同角度对什么是影子银行进行了界定。最初，一些学者将影子银行界定为具备高杠杆和期限错配功能的某种金融机构。例如，太平洋投资管理公司创始人比尔·格罗斯（Bill Gross）在2007年提出影子银行是一种金融机构，该机构能够利用较高的金融杠杆率运作复杂的信贷和证券产品。2008年，纽约联邦储备银行行长盖纳特（Geithner）提出影子银行是一种“平行银行系统”，该系统能够通过短期融资获得资金，利用这些资金购买风险较高、流动性较低的长期资产。同年，国际货币基金组织提出“准银行”这一表述，这与“平行银行系统”是相类似的概念，指出影子银行从事与银行相似的金融活动。2010年5月，美国“金融危机调查委员会”（FCIC），将影子银行称为“类银行”，认为影子银行也是一种信用中介，但其大多数金融活动不受金融监管。同年9月，美国联邦储备委员会主席本·伯南克（Ben Bernanke）认为影子银行是监管外充当信用中介的金融机构。

在2007年金融危机爆发后，影子银行逐渐被理论界重视。由于影子银行是建立在金融创新的基础上，其资金运作相对隐蔽，其市场交易活动具有多变性，会因市场需求和监管程度的变化而变化，学者对影子银行的认识存在多个角度和维度，使影子银行的定义多元化。金融稳定理事会（FSB）在2011年的《全球金融稳定报告》中给出了目前为止对影子银行较为全面的定义，影子银行体系是游离于传统银行之外、具有系统性风险和监管套利，并且具有期限转换、流动性转换和杠杆交易的信用中介体系。

2.1.2 中国影子银行的界定

国内对影子银行的界定和认识主要是建立在国外对影子银行体系研究的基础上。随着研究的深入，国内理论界认识到国内和国外的金融发展程度具有很大的差距，国内金融市场的发展还很不完善，金融产品结构较为简单，金融衍生品市场不发达，资产证券化处于初级阶段，因此，也没有形成和发达国家相同的影子银行体系。对影子银行的研究应该考虑国内的金融实际，所以目前对影子银行的概念是在对国外研究和认识的基础上结合中国的实际进行界定。

对于中国影子银行的定义，学者们的角度有所不同。巴曙松（2012）从业务范围的角度对中国影子银行进行了定义，认为影子银行业务范围由窄到宽主要有四种口径：银行理财业务和信托公司属于最窄口径；将财务公司、金融租赁公司等一些非银行金融机构纳入最窄口径中属于较窄口径；将小额贷款公司、典当行、融资担保公司等一些非银行金融机构纳入较窄口径中属于较宽口径；将民间借贷纳入较宽口径中属于最宽口径。毛泽盛和万亚兰（2012）认为影子银行包括投资银行、货币市场基金、对冲基金、债券保险公司等非银行金融机构。刘维泉（2013）认为影子银行几乎包括了所有的金融创新，影子银行主要从两个方面进行界定：一是不在当前监管体系下的融资活动属于影子银行；二是非银行信贷渠道的资金属于影子银行。王淳力和李建军（2013）认为几乎所有影子银行业务都与商业银行业务有紧密的联系，商业银行是影子银行发展的根源。张世强、张青超和眭悦（2013）认为企业、居民可以通过影子银行业务获取流动性等服务，影子银行在一定程度上是行使了商业银行职能的一些金融工具、机构，能够规避监管，进行监管套利。李向前、诸葛瑞英和黄盼盼（2013）认为影子银行不受金融监管部门的监管，或所受的监管很少，与传统的商业银行业务高度关联，并且能够拓宽商业银行的表外业务，不能参与存款保险，中央银行也不对其行使最后贷款人的职责。徐诺金（2014）认为影子银行实际上是银行的影子，或者说可以看作正规银行体系的影子。同时影子银行还有另一种形式——平行银行，主要表现为互联网金融，其发展迅猛，越来越受到关注。中国人民银行海口中心支行课题组（2014）对我国影子银行进行了如下界定：我国的影子银行是指在传统银行体系外，没有银行的名称，按银行的方式进行操作的机构或业务，主要包括银行的影子业务和影子银行的业务。裘翔和周强龙（2014）认为金融中介体系可以分为商业银行和影子银行，影子银行的资金来源是商业银行，其业务是商业银行信贷业务的延伸。

中国的影子银行与欧美影子银行体系相比有着很明显的不同。欧美影子银行是一种与传统银行业平行发展的机构或业务，而中国的影子银行体系是依附于传统银行业产生和发展，是一种由银行业主导的金融创新业务，其更多是充当传统银行业的补充。影子银行的主体会选择银行或信托机构合作发行理财产品，再通过委托贷款等形式将资金贷放出去，这种业务常常被其他形式的业务掩盖其本质，如咨询费或者担保费等形式来获取一定的利息收入，如此一来，一些不具备吸收存款、发放贷款的机构有了存贷款的真实业务。影子银行大部分业务呈现为信托贷款和委托贷款等形式。

国内对影子银行的界定大多从业务范围和功能进行定义，笔者针对国内影子银行的体系特点对其界定进行了一定的归纳总结。影子银行是以传统商业银行为主导，通过委托贷款和信托贷款等形式进行伪银行业务，存在监管盲区的非银行信用中介。

2.2 中国影子银行发展现状

2.2.1　产生原因

改革开放以来，中国经济飞速发展，经济多元化是我国经济的主要特征，金融市场改革在逐步推进，但是却始终落后于经济发展。经济增长过程中出现了巨大的资金缺口，这一资金缺口需要金融体系来进行弥补，以保证经济持续发展。然而，金融体制的改革和金融市场的完善程度没有跟上经济体制改革的速度，致使经济发展的资金需求没有得到很好满足，这是影子银行存在和发展的根本原因。监管制度内的正规金融体系所提供的资金量与经济主体所实际需要的资金量有很大的差距，这种差距为影子银行等非银行系统的发展提供了空间。

1. 金融资源配置的不平衡

金融的发展是经济发展的保证，金融资源如何配置是经济如何发展的导向。我国经济发展的多元化，使中小微型企业发展迅速，这些企业已经成为我国经济发展的主要推动力量，对 GDP 的贡献度超过 60%，创造了大量的就业岗位，对税收的贡献度也在迅速增长。而我国由政府主导的金融体制主要是为国有经济发展提供较低成本的资金，用以保证大型企业的稳定发展。2004～2007 年，随着金融体制改革不断深化，金融格局逐渐向多层次发展，大型商业银行的市场份额有一定的下降迹象，股份制商业银行和城市商业银行的份额有上升迹象（见图 2－1），上升和下降的趋势在

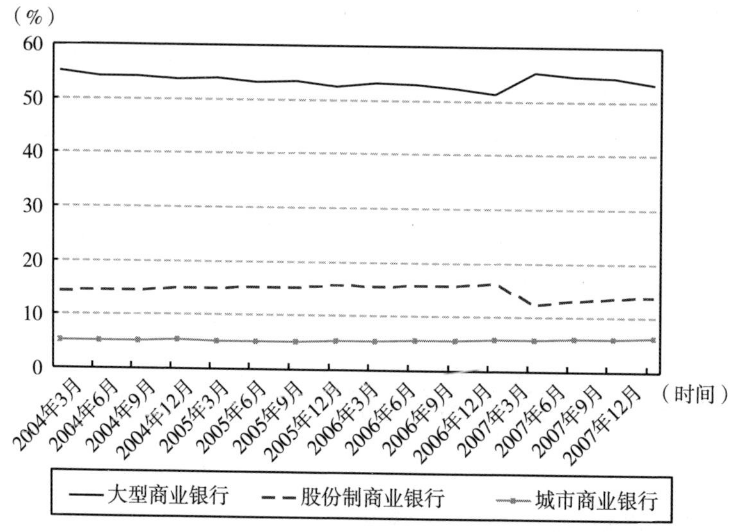

图 2－1　2004～2007 年中国主要类型银行市场份额

资料来源：Wind 数据库。

2006年12月以前较为平稳，虽然在2006年12月至2007年3月有所波动，但之后仍然保持大型商业银行所占份额下降、股份制商业银行所占份额上升这一趋势，城市商业银行所占份额的上升趋势不明显。虽然大型商业银行的市场份额呈下降趋势，但是大型商业银行所占的比重一直处于50%以上，绝对份额始终保持着垄断地位，拥有大量的金融资源，而这些大型商业银行所针对的企业往往又是那些大型的国有企业，金融资源大部分都配置给了大企业和大项目，导致金融资源配置不平衡。

中小企业的迅速发展，为经济的发展注入了更多的活力，但是中小企业融资难却一直是难以解决的问题。金融机构对中小企业的信贷歧视一般出于两方面的考虑。一是成本方面。传统的商业银行更多地关注那些大型企业和大型项目的投资，对中小企业发放贷款的评估和监督成本较高，所以在信贷投放的过程中存在信贷配给。二是风险方面。中小企业规模较小，经营风险较高，有些中小企业的财务体系不健全，监督管理体制不完善，信息透明度较差，违约的可能性较高。商业银行进行风险评级时，就其盈利能力、还款能力和风险防范能力有更严格的评估。在商业银行进行贷前审查和评估时，会对中小企业赋予比较高的风险权重，出于资本充足率的考虑和降低经营风险的需要，商业银行往往会减少对中小企业的贷款。

中小企业发展迅速，大量的企业对资金的需求旺盛。然而，银行信贷资金总体投放上受到国家宏观调控的控制，同时，一些大型的优质项目吸引了金融机构大量的资金，进一步加剧了中小企业的融资困境。在2006年，国有商业银行对中小企业贷款总额占其贷款总额的比重不到9%，股份制银行对中小企业贷款总额占其贷款总额的比重不超过6%，城市商业银行对中小企业贷款总额占其贷款总额的比重不超过8%，中小金融机构相对来讲对中小企业提供的贷款比重稍高，达到25%左右。[①] 而中小金融机构的贷款能力是有限的，不能够完全满足中小企业日益增长的资金需求。所以中小企业转而通过非正规金融渠道进行融资。这种金融资源配置不平衡的存在，给影子银行的发展提供了条件。

---

① 黄孟复：《中国民营经济发展报告（2005－2006）》，社会科学文献出版社2006年版。

2. 金融机构增加盈利和规避监管的需要

根据理论界对影子银行估算时的划分，影子银行可以分为外部影子银行和内部影子银行。外部影子银行由全社会融资规模总量与其各个组成部分之和的差值来衡量，主要指民间融资类影子银行。内部影子银行规模的选取主要有两种方式：一种是选取信托贷款与委托贷款之和作为内部影子银行规模；另一种是选取信托贷款、委托贷款和未贴现银行承兑汇票之和作为内部影子银行规模。我国实行分业经营、分业监管的制度，金融各行业之间存在着行业壁垒，当前的金融产品不能满足投资者日益多样化的投资需求。为了提高自身的竞争力和盈利能力，商业银行不断进行金融产品和业务创新，为了规避监管，内部影子银行逐渐发展起来。

从增加盈利的角度来看，银行利润的主要来源是利息收入，占金融机构利润总额的60%以上。所以，银行要增加盈利，就要提高贷款的发放量，但贷款的资金来源是存款。随着我国利率市场化进程的不断推进，存款性金融机构的存贷款利率逐渐市场化，两者的利差不断缩小。同时，民营银行的不断发展壮大，使银行间的竞争愈加激烈，银行的利润呈下降趋势（见图2-2）。银行的资产利润率和净息差都逐渐下降。为了提高利润，商业银行将表内业务转移到表外，从而规避了监管机构对银行的流动性比率、存贷比、资本充足率等指标的监管。同时，为了减少金融脱媒的速度，商业银行推出了各种类型的理财产品，联合证券、基金和保险等金融机构进行金融业务创新，拓展了银行资金来源的渠道，大幅度提升了银行的非利息收入（见图2-3）。商业银行的非利息收入占比呈现上升趋势，截至2017年第二季度，占比已达到25%。影子银行在商业银行营利性的驱动下发展起来。

从金融监管角度，商业银行通过表内业务的表外转移来规避货币当局的金融监管。我国商业银行的资本充足率一直很低，而不良资产比率又很高，如图2-4、图2-5所示，不良贷款额在2005~2008年一直保持在13 000亿元左右，不良贷款率在2008年金融危机爆发前一直处于6%以上，2004年一直在10%以上，2004年初甚至超过了16%。提高资产质量和资本充足率是我国商业银行的内在要求。而表内资产的表外转移，不仅

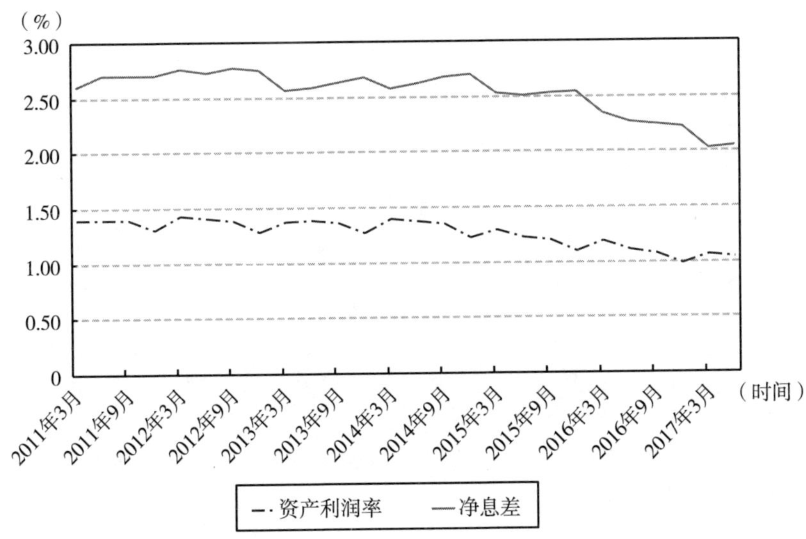

图 2-2 商业银行资产利润率和净息差（2011 年 3 月至 2017 年 3 月）

资料来源：Wind 数据库。

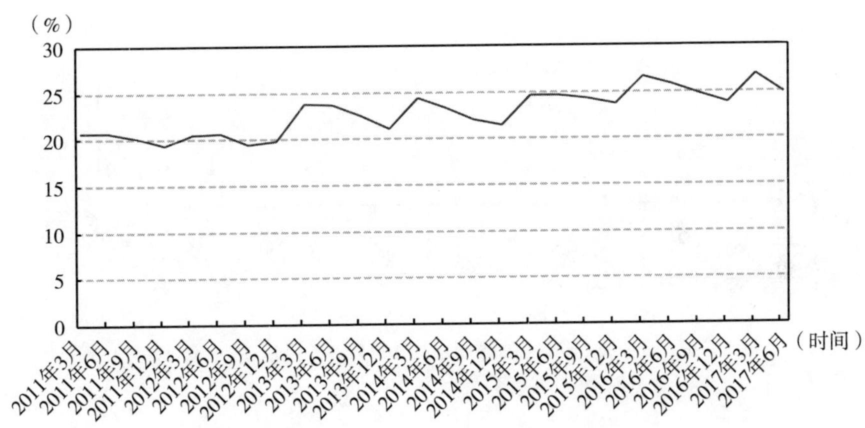

图 2-3 商业银行非利息收入占比（2011 年 3 月至 2017 年 6 月）

资料来源：Wind 数据库。

能改善银行资产负债表的状况，降低风险，同时能够利用表外业务增强资产的流动性，提高资产质量；另外，商业银行所开发的理财产品和委托信托贷款业务不占用银行资本，规避了资本充足率的限制。因此，金融机构内部影子银行逐渐发展起来。

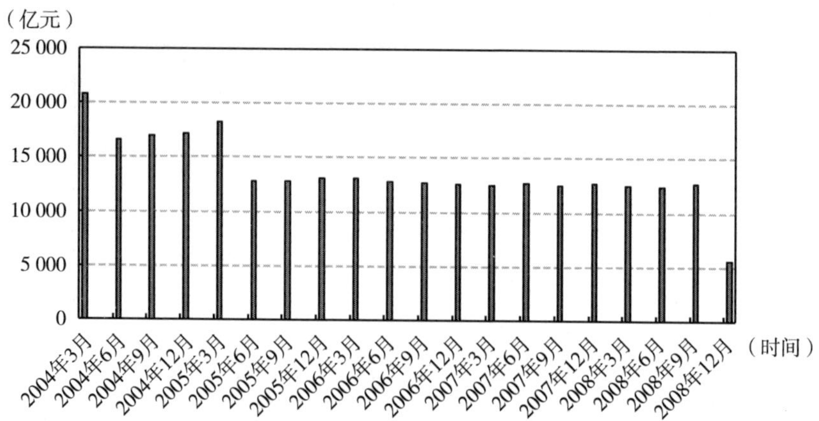

图 2-4 商业银行不良贷款额（2004 年 3 月至 2008 年 12 月）

资料来源：Wind 数据库。

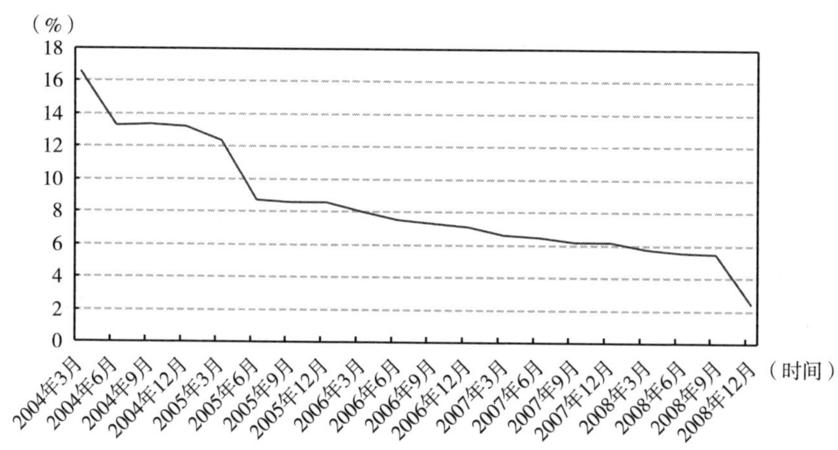

图 2-5 商业银行不良贷款比率（2004 年 3 月至 2008 年 12 月）

资料来源：Wind 数据库。

3. 个人投资者投资偏好的变化

随着经济的发展和生活水平的提高，居民个人的可投资资产结构也发生了变化，由原来单一的储蓄存款逐渐变为多种形式的投资。由表 2-1 可以看出，居民个人的可投资资产构成发生了变化，居民储蓄存款的比重呈现下降的趋势，银行理财产品和信托资产的比重上升，居民储蓄存款被“分流”。

表2-1　2008~2011年个人可投资资产构成　单位:%

年份	居民储蓄	银行理财产品	股票流通市值	信托资产	商业养老保险	基金净值
2008	61.00	10.00	6.00	4.00	5.00	5.00
2009	55.00	10.00	13.00	4.00	5.00	5.00
2010	55.00	13.00	10.00	6.00	5.00	4.00
2011	51.00	21.00	7.00	7.00	3.00	3.00

资料来源：Wind数据库。

居民个人的投资在很长的一段时间是以储蓄存款为主，主要的资本收益是存款的利息收入。而在2008年金融危机爆发前，通货膨胀率高居不下，虽然中央银行多次加息，但实际利率也一直处于较低的水平，甚至出现了负的实际利率。这使得个人投资者不得不寻求其他的投资途径，储蓄存款的比重下降。2008年金融危机爆发后，股市低迷，对股票的投资积极性也不高。这一时期，个人投资者在投资过程中更加倾向于保值避险的稳定的投资方式，而且理财产品的收益率一直高于同期定期储蓄存款的利率（见图2-6），所以他们将个人资产的相当比例都用于银行理财产品、基金投资等，为影子银行的发展提供了大量的流动性。

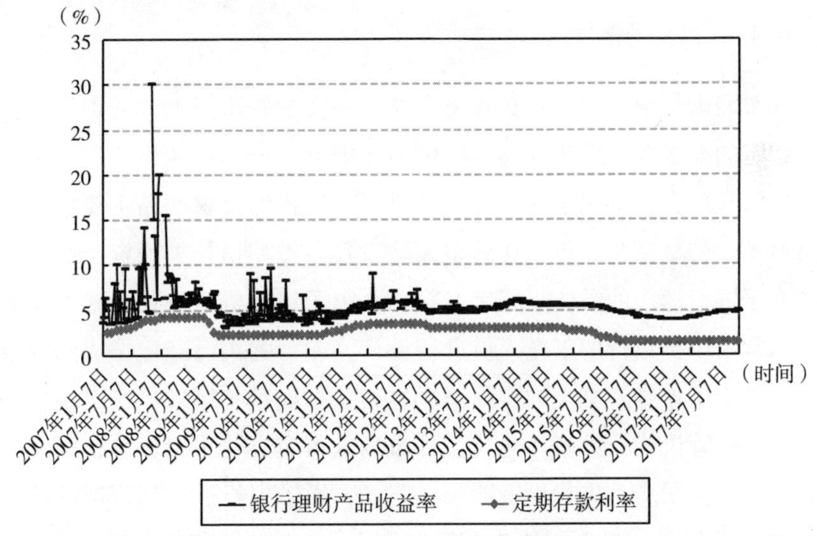

图2-6　银行理财产品预期年收益率与定期存款年利率对比
（2007年1月至2017年7月）

资料来源：Wind数据库。

2.2.2 运作模式

随着经济的发展，对于金融资源的需求日益提高，为满足经济发展的这一需要，影子银行开始出现。源于各国经济金融发展的情况不同，影子银行形成了两种主要的形式：一种是以资产证券化为核心的影子银行业务；另一种是与商业银行信用中介职能类似、作为商业银行业务补充的影子银行业务。具体到中国的影子银行，更多的具有第二种形式的特征。由于我国的金融市场发展没有发达国家完备，资产证券化程度较低，因而我国的影子银行业务实质上与传统银行信贷运作模式比较相似，只是银行不再是信贷运作的主体，而是由银行的影子银行业务部门或其他影子银行机构充当主体。由于在我国商业银行的实际经营中存在着明显的信贷歧视，尤其是中小企业受到信贷配给的现象严重，所以，我国的影子银行更多是作为商业银行的影子，在传统商业银行不愿触及的领域发展和扩张。

更进一步对我国影子银行体系分类，可以将其分为两大类：一类是权益型运作模式；另一类是负债型运作模式。

1. 权益型影子银行

权益型影子银行业务是将各类金融产品在金融市场上公开出售，或者通过特定的渠道定向发售，通过出售的各类金融产品所获得的资金由影子银行作为管理者投资到事先设定好的目标。发售的金融产品主要包括银行理财产品、公募基金、投资连结型保险以及各类型信托类投资产品等。权益型影子银行运作的具体步骤有：第一，影子银行机构进行金融产品的设计，通常由影子银行的工作人员进行设计，或者购买已经运作成熟的金融产品，并根据自身及本土的实际情况进行重新调整；第二，确定销售渠道和第三方托管机构；第三，通过公开市场或特定渠道进行销售；第四，企业和个人对金融产品进行投资购买；第五，影子银行通过销售产品获取资金，并将资金投入预先设定好的投资项目；第六，投资项目到期后，影子银行对所获得的收益进行清算之后，向投资者兑付投资的本金和所承诺的相应的报酬。

2. 负债型影子银行

负债型影子银行主要可以分为三大类：负债型融资机构、自有资金融资型机构和 P2P 网络融资平台。这三类影子银行业务表现形式如下：第一类，负债型融资机构。如私募基金、专业型保理公司等。负债型融资机构的资金主要是通过某种特定的渠道筹集，筹资后再将这些资金投入到所设定的项目中，项目到期后，从所获得的收益中进行清算后将资金分配给投资者，从某种程度来说，权益型影子银行与这一类型的业务很相似，都是筹集资金后再将资金投资到事先设定的项目，区别在于这类业务的资金来源是私募，而权益型影子银行是公募；第二类，自有资金融资型机构。使用自有资金融资的机构主要包括小额贷公司、典当公司等，这类型的影子银行机构使用自有资金对资金需求群体进行融资，其所占的市场份额较小；第三类，P2P 网络投融资平台。其通过网络平台吸收公众的资金，规避了非银行金融机构不能吸纳存款的规定。由于网络平台处于监管的薄弱环节，其内部管理及资金的运作都不是完全透明的，有些 P2P 网络投融资平台虽然公布了资金的投向，但其真实性有待确定，所以，其资金的运用往往风险较大。

综上分析，我国的影子银行体系从权益型影子银行这类业务来看，主要是通过产品设计、销售、取得投资人资金、运作投资项目，其运作过程有一定的资产证券化的特征，但也只是处于初级阶段；另外，我国的影子银行体系从负债型影子银行来看，其运作模式类似于传统的商业银行信贷融资方式，从某种程度上发挥着和商业银行一样的信用中介的作用，但其资金的来源有别于传统的商业银行，其通过各种渠道和方式吸收社会的资金。这种类型的影子银行业务作为商业银行的补充在社会融资结构中的比重越来越大。

2.2.3 风险特征

1. 交叉产品和业务的监管套利明显

影子银行体系的风险具有很高的传染性，这种风险的交叉传染是引发金融体系系统风险的根本原因。随着传统商业银行与信托公司、证券公司和保险公司不断合作，影子银行的风险极容易传递给整个金融体系。

银信合作的理财产品是影子银行体系的一部分。理财产品是将商业银行产品销售渠道与信托公司投资渠道相结合，满足个人投资者金融投资的需要的金融产品。虽然原银监会出台了一系列的监管政策对银信理财产品进行抑制，但效果并不明显。这些理财产品通过商业银行的表外业务进行融资，在某些条件下会变成商业银行的或有负债，存在一定的违约风险，这些风险会向表内进行传递，从而加大了金融体系的系统性风险。

2000 年以后，银行业和保险业出现交叉业务，银保合作快速发展。银保合作业务主要以银行代理销售保险产品为主，主要是商业银行代理销售保险公司所发行的理财产品，收益率远远高于存款利率。目前，我国的银保合作仍然处于比较初级的阶段，但随着合作的加深，也会存在监管套利。2011 年，银证合作逐渐出现。2012 年增长迅速，据估计，这一年银证合作规模在 6 000 亿 ~7 000 亿元。银证合作的迅猛发展，使银行信贷资金更加容易地由表内转向表外，这将导致监管当局不能准确把握信贷的真实状况。

金融集团是主要从事金融业务，使银行业、证券业、保险业中至少有两个在其控制之下，可以通过不同的金融行业提供金融服务的企业集团。金融集团的出现实际上是一种混业经营的标志，金融集团的建立提高了金融效率，也产生了金融风险。由于我国仍然实行分业经营、分业监管，这使金融集团在进行经营活动时具有一定的隐蔽性，同时，金融集团通过业务和产品的跨行业组合进行监管套利。另外，金融集团母公司和子公司以及子公司之间存在着紧密的联系，这使金融集团内部不同部门之间易出现风险交叉传染。我国对金融集团的监管法律还不健全，这更加剧了监管套利活动，进一步加大了金融体系的系统风险。

影子银行体系的发展，加大了金融机构之间内部的联系，进而加大了金融风险交叉传染的可能性。同时，出现危机的时候，表外风险又极有可能转移回银行表内，影子银行又将风险进一步向商业银行扩散。总之，影子银行所带来的金融产品和业务的交叉使金融机构风险加大。

2. 存在内生脆弱性

影子银行的脆弱性主要是指其运行机制和信用中介功能的脆弱性。就运行机制来讲，影子银行是处于监管体系之外的创新型金融业务，这些业务具有创新的特性，往往存在很大的风险性。其业务基础往往依赖于一些复杂的数学模型，而这些模型是建立在一定的假设条件的基础上。当假设成立时，影子银行业务会带来丰厚的回报，一旦假设不成立，则具有很大的风险。当然，金融机构也会对风险进行相应的评估和计提准备金，但是由于影子银行业务具有隐蔽性和交叉性，有些风险很难评估和监测。就信用中介功能来看，影子银行业务有期限转换和流动性转换的功能，这就不可避免地存在着期限错配。一旦经济形势发生变化，用于抵押的资产的价值就会发生巨大的波动，流动性资产的流动性大幅降低，长期资产难以迅速变现或者变现将导致巨额损失，这将是整个银行业乃至金融业的致命打击。

影子银行业务的特殊性，使得信息不对称问题严重，逆向选择和道德风险问题难以避免。影子银行业务的融资成本相对较高，所以投资方面就不得不寻求更高回报而相应风险更高的项目，一旦风险变为损失，则影子银行的业务链条极容易断裂，其内生的脆弱性会使风险加剧，甚至扩散至整个金融领域。

此外，作为影子银行重要组成部分的理财产品，其设计越来越复杂，虽然银行在发售理财产品时有相应的风险提示，但是目前我国理财产品仍然存在银行的隐性担保。虽然理财产品是银行的表外业务，但其与商业银行的联系是非常紧密的，一旦理财产品出现问题，商业银行必然会受到影响。这种内生的脆弱性不仅仅体现在影子银行业务链条上，也体现在包含影子银行业务的整个金融体系上。

3. 准金融影子银行机构的经营和监管的专业化水平较低

准金融影子银行机构多指介于正规金融和非正规金融之间未获得金融许可证的从事金融服务的机构，如小额贷款公司、担保公司、典当行等。与传统的商业银行等金融机构相比，准金融影子银行机构的系统性风险相对较小，其主要的风险体现在经营和管理方面。准金融影子银行机构由于经营管理的专业化水平较低，风险控制和防范的能力不足，信用风险较大。另外，由于其规模较小和其一定的“非正规”性，导致其缺乏高层次的金融业务和管理人才，面对的客户一般为中小微企业和“三农”客户，这些客户往往是商业银行评级为高风险的客户，同时这些客户又具有明显的离散型特征，所以信息不对称问题严重，这也增加了准金融影子银行机构的信贷风险。

2.2.4 发展现状

1. 影子银行规模上升，资金套利链条拉长

自2013年底开始，我国房地产投资的增速呈现下降趋势，国内经济增速也持续放缓。在2015年进一步深化汇率制度改革中，人民币进入了贬值的通道，致使大量资本流出。为了对冲外汇占款的不断下降，中国人民银行通过常设借贷便利（SLF）、中期借贷便利（MLF）等方式向市场投放短期资金，短期资金的增多会加剧资金期限错配的问题，同时在一定程度上使债券市场加杠杆问题日益严峻。2014～2015年，股票市场、债券市场和房地产市场价格暴涨，商业银行通过各种通道使套利链条拉长，将资金投放到这三个市场。2016年以来，实体经济回报率逐渐下降，资金更多是从实体经济中脱离转而投向虚拟经济，金融机构间加杠杆“空转套利”加剧，影子银行规模持续扩张。

2. 金融杠杆率攀升加剧影子银行泡沫①

金融杠杆率是信贷总额与名义GDP的比率。近十年来，金融杠杆率大幅提升，在2006～2016年间由47.08%上升到118.55%。同业负债和表外理财业务作为影子银行资金来源，其大幅的扩张是金融杠杆率快速提升的重要原因。2010年12月，同业负债规模为10万亿元，截至2016年12月，同业负债规模上升到30.2万亿元；2010年12月，银行表外理财资金余额

---

① 任泽平：《中国影子银行穿透报告》，方正证券泽平宏观，2017年7月20日。

为2.8万亿元，截至2016年12月，表外理财资金余额上升到29.05万亿元。2015年，中央银行多次降低法定存款准备金率，稳健的货币政策稳中有松，金融体系内部信用扩张明显，释放了大量流动性，使个人和企业的闲置资金增加，导致对银行理财产品的需求上升，商业银行理财规模大幅提升。

2014年以来，商业银行将同业资金和表外理财资金委托给非银行金融机构，如信托公司、基金公司、券商和保险公司等，投资具有较高回报率的资产。中央银行、大型商业银行、中小银行和非银行金融机构通过在业务中不断地加杠杆，致使金融杠杆率不断上升。同时，金融体系的这种层层加杠杆的行为，在监管之外形成了一定量的资金，这些资金进行影子银行业务，使影子银行规模不断扩张。

3. 对影子银行的监管加强

2015年12月，供给侧改革的提出，使政府开始对过剩的产能进行整改。2016年7月，为了更好地推进供给侧改革，中国人民银行、银监会、证监会和保监会开始加大了金融去杠杆的步伐，出台了一系列相应的监管文件（见表2-2）。

表2-2　影子银行业务监管措施一览

时间	主要内容
2016年6月1日	出台《关于清理规范保险资产管理公司通道类业务有关事项的通知》。规定要对银行存款通道业务进行相关的检查和规范，主要是保险资产管理公司的通道业务，此次清理工作以公司全面自查为主
2016年6月13日	出台《关于加强组合类保险资产管理产品业务监管的通知》。规定对保险资产管理产品要进行分类，同时提出了8种管理人开展产品业务所禁止的情形；对于该《通知》发布之前所发行的产品，不符合《通知》要求的，要按规定进行处理。自《通知》发行之日起，管理人要对已发行的产品进行清理和规范
2016年7月14日	出台《证券期货经营机构私募资产管理业务运作管理暂行规定》。指出了证券期货经营机构违规销售的几种情形，包括但不限于所指出的情形。规定了证券期货经营机构不得违背风险收益相匹配的原则，指出了几种违规情形。同时规定，结构化资产管理计划的总资产占净资产的比例不能超过140%，非结构化集合资产管理计划的总资产占净资产的比例不能超过200%

续表

时间	主要内容
2016 年 7 月 27 日	出台《银行理财业务监督管理办法征求意见稿》。明确了银行理财业务的监管重点，规定了禁止的情形；明确了限制性投资的安排，不能投资各种类型的资产收益权；将理财业务划分为两大类：基础类和综合类，规定商业银行首次从事理财业务应当进行基础类理财业务，符合规定条件的才可以开展综合类理财业务；规定银行不能发行分级理财产品；提出建立银行理财风险准备金制度，同时规定了相应的计提标准；规定理财产品的总资产不能超过净资产的 140%
2016 年 10 月 27 日	中央银行将银行表外理财业务纳入 MPA 广义信贷监测范围
2017 年 3 月 28 日	出台《银行业金融机构“监管套利、空转套利、关联套利”专项治理工作要点》。针对当前银行业金融机构同业业务、投资业务、理财业务等跨市场、跨行业交叉性金融业务中存在的杠杆高、嵌套多、链条长、套利多等问题进行了全面规制
2017 年 4 月 6 日	出台《关于开展银行业“不当创新、不当交易、不当激励、不当收费”专项治理工作的通知》。在不当创新方面，从治理机制和管理制度与流程角度规定了董事会及高级管理层要准确认识金融创新风险，对金融创新风险能够进行科学的评估和定价。在不当交易方面，从银行同业业务、银行理财业务和信托业务三个方面是否存在不当交易进行了详细的规定，指出了各种不当交易的情形。在不当激励方面，规定考评指标的设置要合理，覆盖面要广；规定本机构的审计部门和监察部门要对弄虚作假行为严肃问责；考察薪酬管理方面是否存在不当行为。在不当收费方面，规定了收费行为规范，规定了各种价格信息披露要求，制定收费价格名录，提前 3 个月公示将要调整的价格等，规定完善内部管理程序，建立价格审批制度，明确违规问责机制和内部处罚措施，规定将投诉电话和方式醒目公示

资料来源：由笔者整理。

2.3 相关理论

2.3.1 金融创新理论

经济学家熊彼特（Schumpeter，1912）提出了创新理论，主要用来解释经济周期和经济发展等问题。直到 20 世纪 70 年代，金融市场的迅速发展与金融体制出现了冲突，金融业产生巨大变化，使一些学者将创新理论应用到金融领域。西方金融创新理论研究的内容主要是分析金融创新的成因，比较有代表性的观点有财富增长理论、规避管制理论和交易成本理论等。

（1）财富增长理论。该理论认为经济快速发展导致社会财富迅速增长，使人们对金融产品和服务的需求越来越大，金融交易量上升，促进了金融创新的发展，用以满足由于财富增加而导致的不断上升的金融交易需求。格林鲍姆和海伍德（Greenbaum & Haywood）两位经济学家是财富增长理论的代表人物，两位学者的研究结论认为财富增长是导致金融创新活动的主要因素。影子银行的一个重要部分就是银行的理财产品，人们由于财富增加，导致投资更加多样化，使投资理财产品的比重增加，由此导致影子银行规模呈现上升趋势。

（2）规避管制理论。该理论认为金融机构为了自身盈利的最大化而规避政府的管制从而引起金融创新活动。凯恩（Kane，1978，1981）认为政府管制相当于一种隐性的税负，这种隐性的税负一方面提高了金融机构的经营管理成本，另一方面也阻碍了金融机构在规制外的盈利机会。如果某一时期金融机构在规制外的盈利机会足够大，金融机构就会为了规避管制而进行一系列的金融创新活动[①]。当然，当这种金融创新活动与政府的相关政策相背离时，政府部门就会加强管制，金融机构又会寻求新的创新形式，二者不断交替进行，互相推动。影子银行的产生也是规避管制的需要。由于存在金融监管，使金融机构表内业务向表外转移，在信用收缩时，通过影子银行业务进行资金的借贷来规避管制。

（3）交易成本理论。该理论认为降低交易成本是金融创新的主要动力，也是金融创新的主要原因。能否降低交易成本，是衡量一个金融产品和金融工具的创新是否具有价值的一个因素。交易成本的降低从另一个角度来讲是为了盈利的增加，换句话说，其他条件不变，成本的降低实际就是收益的增加。所以，降低交易成本、增加盈利的动机就会不断刺激金融机构进行金融创新。金融创新使交易成本下降，从而更加拓宽了金融市场上的融资渠道，在一定程度上也给影子银行的发展提供了良好的环境。

---

① 尹龙：《金融创新理论的发展与金融监管体制的演进》，载于《金融研究》2005 年第 3 期，第 7～15 页。

2.3.2 金融中介理论

金融中介在市场中发挥着重要作用，资金需求者和资金供给者通过金融中介进行资金的融通。金融中介问题一直以来也是金融领域比较关注的问题。近年来，金融中介理论的发展已经由关注交易成本、信息优势向风险管理、参与成本和价值增加进行转变。

交易成本的观点认为，金融中介可以进行资产转换，可以将小额投资者的短期资金转化为企业的长期项目投资，并可以在吸收大量的小额资金的同时产生规模收益，也使小额投资者的交易成本降低。

信息优势的观点认为，市场中的参与者之间存在信息不对称的问题，主要表现为逆向选择和道德风险。金融中介可以很好地解决借贷双方信息不对称的问题，提高融资效率。

风险管理的观点认为，金融资产与实物资产不同，其具有较高的收益同时也有很高的风险，投资者在进行投资时通常都会进行组合投资，在一定程度上分散风险。但是小额投资者往往资金有限，难以有效地分散风险，通常借助于金融中介。金融中介通过汇集大量小额资金，通过金融市场上的金融产品的交易对承担的风险进行分散和管理。

参与成本的观点认为，投资者参与金融市场的交易往往需要付出较高的参与成本，其中学习成本是很重要的参与成本。如果投资者参与股票交易，就要学习股票的交易规则，学习股票的投资理论等，随着人们收入的增加，学习成本的机会成本也在上升，而金融中介可以代理投资者参与金融市场活动，利用其专业化的优势对投资的风险和收益进行管理，所以投资者往往借助于金融中介来降低投资的参与成本。

价值增加观点认为，金融中介不是储蓄和投资转化的媒介，而是一个独立的市场化主体。金融中介能够提供金融创新产品，并能够通过期限转换和流动性转换等功能为客户带来价值的增加。也就是说，金融中介可以通过向客户提供金融服务而获利。

中国金融体系中的影子银行业务更多的是“银行的影子”，同样也发挥着信用中介的职能，同时影子银行还参与信用中介体系的信用创造过程，对货币供给量的统计造成了影响。

2.3.3 金融自由化理论

（1）麦金农和肖（Mckinnon & Shaw）的金融自由化理论。1973 年，罗纳德·麦金农和爱德华·肖在对发展中国家金融与发展的研究中发现发展中国家存在金融抑制，由此提出了金融自由化理论。两人研究结论基本相同，认为发展中国家对金融的发展有着很多的限制，信贷配置效率很低。认为发展中国家要想摆脱贫困，就应该进行金融改革，推行金融自由化，减少对金融业的行政干预。

（2）麦金农和肖的理论扩展。巴桑特·卡普与唐纳德·马西森（Karp & Mathison）将麦金农和肖金融自由化理论扩展到开放经济。加尔比斯（Galbis）通过研究发现，金融自由化能够改善投资的质量，提高投资的效率，从而能够增加经济效益。20 世纪 80 年代，内生增长理论兴起和发展起来，代表人物是帕加诺（Pagano），他在内生增长理论中考虑了金融因素，创建了“AK”模型。帕加诺认为，金融自由化可以提高银行的效率，提高资源的配置效率。

（3）二元金融与金融自由化。经济学家泰勒和巴菲等（Thaler & Baffi et al.）从发展中国家制度结构角度进行了金融自由化理论的研究。研究发现，发展中国家存在着非正规金融体系和正规金融体系，认为正规金融体系的管制相对较多，其效率低于非正规金融体系。

近年来，关于金融自由化总体效应的研究大量出现。对金融自由化总体效应的研究能够更加全面地认识金融自由化。目前大量的文献研究发现，长期来说，金融自由化能够使金融市场更加稳定，有利于金融效率提高和经济的发展。

金融自由化使金融机构间业务出现更多交叉，为影子银行的发展提供了更多的渠道。同时，金融自由化也推动了利率市场化，正规金融体系取消了存款利率的限制后会使存款增加，可贷资金量上升，同时，利率市场化也为金融创新以获取高收益增加动力。二元金融与金融自由化理论的研究为发展中国家研究影子银行对货币政策、经济增长的影响提供了理论基础。

2.3.4 货币政策调控理论

在货币政策制定和实施的过程中，主要涉及货币政策工具、中介目标、传导机制和最终目标，货币政策调控体系的主体是中央银行、金融机构、企业和个人。货币政策的有效性主要指最终目标实现的情况。

早期的货币政策调控理论是IS－LM理论。IS曲线代表商品市场的均衡，反映了商品市场均衡时利率与产出的关系，LM曲线代表货币市场的均衡，反映了货币市场均衡时利率与产出的关系。这一理论实质是货币供给量通过中央银行进行控制，从而影响LM曲线的移动进而影响利率和产出。由IS－LM模型，在紧缩的货币政策下，如果减少货币供给量，将使LM曲线向左移动，均衡利率水平将会上升，总产出减少，这也就是紧缩性货币政策通过利率传导机制影响产出的一个逻辑思路。

在IS－LM模型的基础上，又有学者进行了完善和补充，蒙代尔和弗莱明（Mundell & Fleming）提出了IS－LM－BP模型，将国际收支均衡引入IS－LM模型中，用以分析货币政策的汇率传导机制。伯南克和布林德（Bernanke & Blinder）提出了CC－LM模型，将信贷市场均衡引入IS－LM模型中，将IS曲线看作CC曲线的特殊情况。CC－LM模型可以对货币政策的信贷传导机制进行分析。菲利普斯（Phillips）提出了IS－LM－PC模型，将菲利普斯曲线引入模型，用以对总需求总供给的变化进行分析。

2.3.5 货币政策传导机制

米什金（Mishkin，1995）将货币政策传导机制进行了具体的划分，分为信贷传导机制、利率传导机制、资产价格传导机制和汇率传导机制。由于我国的金融市场发展没有发达国家完备，资产证券化程度较低，我国的影子银行业务实质上与传统银行信贷运作模式比较相似，所以本书的研究不考虑资产价格传导机制。同时为了简化分析，本书不考虑外汇市场及汇率政策调节所带来的影响，只针对信贷传导机制和利率传导机制下影子银行对货币政策影响的问题进行研究，所以，理论部分的阐述也只针对信贷传导机制和利率传导机制。

（1）信贷传导机制。信贷传导机制中又分为银行信贷传导机制和资产负债表传导机制。在银行传导机制中，商业银行发挥着重要作用，传导的渠道是：扩张的货币政策下，货币供给量增加，银行的可贷资金量增加，企业获得的贷款量上升，从而导致投资增加，总产出增加。在资产负债表传导机制中，企业所有者权益的高低影响着银行对企业的贷款额。当企业的所有者权益较高，即企业有较高的资本金，说明企业有较高的抗风险能力，较容易获得外源融资；反之，则不容易获得外源融资①。在紧缩的货币政策下，股票的价格趋于下降，企业的所有者权益市值降低，银行对其贷款减少，企业的投资减少，导致产出减少。

（2）利率传导机制。利率传导机制的理论也是基于凯恩斯学派的观点。中央银行实行扩张性的货币政策，实际利率会在政策作用下呈下降趋势，实际利率的下降会使企业投资的成本下降，企业会扩大生产追加投资，最终会导致总需求和总产出增加。

① 康枫：《我国金融创新对货币政策传导机制的影响研究》，中央财经大学博士学位论文，2016年。

第3章

中国影子银行对货币政策影响的理论分析

3.1 中国影子银行对货币政策工具的影响机理

3.1.1 指标选取依据

货币政策效果的实现一般要经过“政策工具—操作目标—中介目标—最终目标”的传导过程。由于政策工具与操作目标有较强的相关性，本书借鉴博里奥（Borio，1997）和科林（Corrinne，2008）将传导过程中政策工具与操作目标进行组合的做法①，把二者作为一个模块并从政策工具角度展开分析。

货币政策工具是中央银行为了实现既定的货币政策目标而采取的措施与手段。目前，我国主要的货币政策工具有一般性的货币政策工具、选择性的货币政策工具和其他一些补充性货币政策工具。我国货币政策工具中的常规工具，或者说一般性货币政策工具主要有存款准备金政策、再贴现政策、公开市场业务，也就是通常所说的“三大法宝”。一般性货币政策工具的使用会对整个金融体系产生全面影响，是货币政策工具中最为主要的工具。选择性货币政策工具主要包括消费者信用控制、证券市场信用控

① 两位学者同样也将中介目标和最终目标组合成一个模块进行了研究，但出于考察影子银行通过不同传导渠道对货币政策最终效果的影响，本书分别对中介目标和最终目标进行分析。

制、不动产信用控制、优惠利率等，是指有针对性地使用的工具，针对特定的经济领域或特定的行业使用，是一般性货币政策工具有力的补充。除上述两类货币政策工具以外还有补充性的货币政策工具，包括直接信用控制工具和间接信用控制工具。中央银行在2013年又增加了常备借贷便利这一新的工具，主要是金融机构根据自身流动性情况，运用资产进行抵押向中央银行申请授信的一种融资方式。常备借贷便利是金融机构与中央银行一对一的业务模式，类似于定制化融资。

由于一般性货币政策工具是最主要也是影响最为广泛的货币政策工具，所以本书研究影子银行对政策工具的影响主要选取存款准备金政策、再贴现政策和公开市场业务这三个政策工具。

3.1.2　对存款准备金政策的作用机理分析

影子银行参与信用创造，带来了非预期的货币供给量的变化，使法定存款准备金率对货币供给量的调节作用弱化。流通中的货币供给量由基础货币和货币乘数共同决定，而法定存款准备金率的变化可以调节货币乘数从而影响货币供给量，法定存款准备金率与货币乘数成反比。当中央银行实行紧缩的货币政策提高法定存款准备金率时，货币乘数会降低，从而降低货币供给量，实现对经济过热的抑制作用。但法定存款准备金政策对影子银行业务没有约束，也就是说，影子银行的资金不需要上缴法定存款准备金。在法定存款准备金的限制下，商业银行为了增强资产的流动性，可以利用证券化将资金从表内转移出去，也可以发行理财产品规避法定存款准备金率的限制，然后通过与信托机构等非银行金融机构进行合作将资金贷放给企业。影子银行的存在使一部分资金分流至影子银行体系，影子银行将资金进行贷放从而参与信用创造，避开了法定存款准备金的限制，使货币乘数的作用降低，弱化了法定存款准备金政策对货币供给量的控制。

影子银行对法定存款准备金政策的影响主要表现在效力的弱化，而法定存款准备金率的调整相对来说对经济的震动较大，中央银行需要考虑多方面因素才能进行调整，所以其具有较强的外生性。

3.1.3 对再贴现政策的作用机理分析

中央银行调整再贴现利率能够引导整个市场利率的走向，而影子银行的发展削弱了这一调控效果。影子银行体系的金融创新工具层出不穷，而且与货币具有很高的替代性，使公众对货币需求的利率弹性下降。同时，商业银行资金通过表外业务向影子银行体系转移，利用影子银行业务吸纳资金，同时中间业务占比也不断上升，商业银行对再贴现率的调整越来越不敏感。虽然再贴现率对利率的引导性下降，但是利率的变化对再贴现政策的调整具有一定的影响。影子银行体系的利率一般比商业银行的利率高，影子银行的扩张短期内会提升资金成本，促使利率上升。假设原来的经济处于相对稳态，利率的上升使货币政策出现收紧效果，那么再贴现率可能会下降，用于抵销利率上升所带来的紧缩性影响。

再贴现政策是否有效取决于商业银行对中央银行再贴现融资依赖度的高低，商业银行对再贴现资金越依赖，央行通过再贴现政策进行调控的效果越好。金融危机之后，影子银行规模呈现上升趋势，商业银行通过开展影子银行业务扩大资金来源渠道，如将表内信贷资产转让，大力发展理财业务，同时，由于理财产品一般期限较短，所以商业银行可以进行滚动发行，使理财产品的资金池中有稳定的资金可以借助信托机构长期贷放，提高了商业银行的资金流动性。影子银行的存在能够参与信用创造，从而增加货币供给。信用创造是一个过程，从“原始存款”到“存款总额”需要相应的时间，货币供给量逐渐增加，但由于影子银行业务的特性，这种增加是非预期的。所以影子银行的扩张经过短期资金成本的上升，随着时间推移货币供给量会表现出非预期增加，使货币政策出现宽松效果，再贴现率有上升压力。

由上述分析可以得到如下推论：

推论 1：在影子银行作用下，再贴现政策初期会表现为再贴现率下降或再贴现率上升被抑制。

推论 2：在影子银行作用下，再贴现政策后期会表现为再贴现率上升或再贴现率下降被抑制。

3.1.4　对公开市场业务的作用机理分析

我国中央银行的公开市场业务这一政策工具在操作上主要包括正回购、逆回购、央票的发行和现券的买断，主要表现为货币的投放和回笼。货币的投放主要包括逆回购和现券的买断，逆回购是根据市场货币供求情况向市场投放基础货币，现券买断也是向市场投放基础货币，但表现为一次性的增加基础货币的投放量。货币的回笼包括央票的发行和正回购。公开市场业务具有灵活性和可逆性，中央银行可以根据金融市场的基础货币情况适时调整或微调政策方向，一旦出现操作过度，可以及时进行逆操作以维持既定的目标。随着我国金融市场的完善，公开市场业务的环境和条件越来越好，使其地位和效果都有很大提升。由于公开市场业务的这两个特性，而影子银行业务又具有一定的隐蔽性，非预期因素较多，使其对影子银行的影响的反应处于不断微调状态以达到稳定货币供给量的目的。

推论1：公开市场业务对影子银行的动态反应持久性较长。

影子银行的发展不断创新金融产品，而金融产品之间的价格是具有联动性的，这将导致公开市场业务操作的标的价格充满不确定性。另外，影子银行的发展使商业银行的地位有所下降，而公开市场业务的交易对手主要是商业银行，这将导致公开市场业务的操作范围有所缩小，公开市场业务的效力有所削弱。影子银行能够进行信用创造，而信用创造需要一个过程，所以由于影子银行规模变化所导致的非预期的货币供给量变化存在时滞，而公开市场业务直接针对金融市场的货币供给量变化做出反应，进而公开市场业务对其反应也相应地滞后。

推论2：公开市场业务对于影子银行的行为反应存在时滞。

3.2　中国影子银行对货币政策中介目标的影响机理

3.2.1　指标选取依据

货币政策中介目标是为实现货币政策最终目标而选择的金融变量。由于中央银行不能直接控制最终目标，所以为了能够使最终目标得以实现，中央银行需要选择一些变量既能够在可控制之下又与最终目标紧密联系，通过对这些变量的控制实现最终目标。中介目标介于政策工具和政策目标之间，中央银行一般会选取比较容易观测的指标来作为中介目标。

一般来说，货币政策的中介指标要满足可测性、可控性和相关性三个基本要求。中国人民银行完全行使中央银行职能以后，将现金计划和信贷计划作为货币政策的中介目标。随着市场经济体制的建立和完善，中介目标与最终目标的相关性越来越弱。所以，中国人民银行在1998年调整了货币政策的中介目标，将原来的信贷计划和现金计划取消，选择货币供应量作为新的货币政策中介目标。近年来，随着我国市场化程度的加深，利率在货币政策中发挥的作用越来越重要，学术界很多研究已经表明利率作为货币政策中介目标的作用日益显著。王旭东（2014）将货币政策工具、传导机制、中介目标和最终目标进行了系统地梳理和总结比较，认为货币政策分为数量型调控手段和价格型调控手段，对应的中介目标是货币供应量和货币的价格，即利率。本章借鉴上述观点，将货币供应量和利率作为中介目标进行讨论。

3.2.2 对货币供应量的作用机理分析

信用创造是商业银行体系经过其特有的运作过程而产生的。商业银行由于受到核心资本充足率、存贷比等因素的限制，所以在控制了风险的同时也限制了收益。为扩大盈利，增强在市场中的竞争力，商业银行不断进行金融创新业务，将表内业务表外化，与其他金融机构合作发放信托委托贷款，从而使影子银行有了载体，能够借助于商业银行体系进行信用创造。同时，专门的影子银行通过一系列以资产证券化等为特征的信用中介链条对存款一方和贷款一方进行对接，将信贷资产转移到传统商业银行体系之外，实现存款从商业银行向影子银行的分流。

基于我国影子银行的运行特征，采用解凤敏和李媛（2014）对存款派生倍数的简化分析过程，不同之处在于本章加入了超额存款准备金和现金漏损率的假设，更加符合现实。

假设1：金融体系由中央银行、商业银行和影子银行构成。

假设2：商业银行按要求向中央银行缴纳 R_d 比例的法定存款准备金，商业银行保留 R_e 比例的超额存款准备金，并且存在 R_c 比例的现金漏损。

假设3：因影子银行的高额回报率，客户将一部分银行存款分流至影子银行，分流存款占银行总存款之比为影子银行漏损率 s。

假设4：影子银行从吸收的资金中预扣部分比例作为偿付保证，预扣资金占负债之比为预留扣减率 a。

假设5：影子银行贷出的资金最后将以存款形式回到商业银行。

假设中 R_d、R_e、R_c、s、a 取值范围均在（0，1）区间。

客户将原始存款 H 存入第一家商业银行，然后从中取出 Hs 转移至影子银行。该商业银行缴纳法定存款准备金 $H(1-s)R_d$、留存部分超额准备金 $H(1-s)R_e$、扣除现金漏损后 $H(1-s)R_c$，将余下的 $H(1-s)(1-R_d-R_e-R_c)$ 发放贷款。影子银行在预留扣减 Hsa 部分之后，将剩余 $Hs(1-a)$ 发放贷款。第一家商业银行与影子银行的贷款总额为 $H[(1-s)(1-R_d-R_e-R_c)+s(1-a)]$，将以派生存款形式进入第二家商业银行，从而商业银行与影子银行共同进行存款创造。这一过程如表3-1所示。

表3-1 影子银行参与信用创造的机制

N	银行存款	影子银行漏损	法定准备金	超额准备金	现金漏损	银行贷款	影子银行贷款
1	H	Hs	$H(1-s)R_d$	$H(1-s)R_3$	$H(1-s)R_c$	$H(1-s)(1-R_d-R_e-R_c)$	$H(1-a)$
2	Hq	Hqs	$Hq(1-s)R_d$	$Hq(1-s)R_e$	$Hq(1-s)R_c$	$Hq(1-s)(1-R_d-R_e-R_c)$	$Hqs(1-a)$
3	Hq^2	Hq^2s	$Hq^2(1-s)R_d$	$Hq^2(1-s)R_e$	$Hq^2(1-s)R_c$	$Hq^2(1-s)(1-R_d-R_e-R_c)$	$Hq^2s(1-a)$
⋮	⋮	⋮	⋮	⋮	⋮	⋮	⋮
n	Hq^{n-1}	$Hq^{n-1}s$	$Hq^{n-1}(1-s)R_d$	$Hq^{n-1}(1-s)R_e$	$Hq^{n-1}(1-s)R_c$	$Hq^{n-1}(1-s)(1-R_d-R_e-R_c)$	$Hq^{n-1}s(1-a)$
总计	$H\times\frac{1}{1-q}$	$H\times\frac{s}{1-q}$	$H\times\frac{R_d(1-s)}{1-q}$	$H\times\frac{R_e(1-s)}{1-q}$	$H\times\frac{R_c(1-s)}{1-q}$	$H\times\frac{(1-s)(1-R_d-R_e-R_c)}{1-q}$	$H\times\frac{s(1-a)}{1-q}$

注：$q=(1-s)(1-R_d-R_e-R_c)+s(1-a)$。

由表3-1可知，银行的存款派生倍数 $m=\frac{1}{1-q}=\frac{1}{(R_d+R_e+R_c)+s(a-R_d-R_e-R_c)}$，可以证明：

（1）$\frac{\partial m}{\partial R_d}=\frac{-(1-s)}{[(R_d+R_e+R_c)+s(a-R_d-R_e-R_c)]^2}$，$\frac{\partial m}{\partial R_e}=\frac{-(1-s)}{[(R_d+R_e+R_c)+s(a-R_d-R_e-R_c)]^2}$，

$\frac{\partial m}{\partial R_c}=\frac{-(1-s)}{[(R_d+R_e+R_c)+s(a-R_d-R_e-R_c)]^2}$，因为 $0<s<1$，$\frac{\partial m}{\partial R_d}<0$，所以 R_d 越大，m 越小；$\frac{\partial m}{\partial R_e}<0$，$R_e$ 越大，m 越小；$\frac{\partial m}{\partial R_c}<0$，$R_c$ 越大，m 越小。

（2）$\frac{\partial m}{\partial a}=\frac{-s}{[(R_d+R_e+R_c)+s(a-R_d-R_e-R_c)]^2}$，因为 $0<s<1$，$\frac{\partial m}{\partial a}<0$，所以 a 越大，m 越小。

（3）$\frac{\partial m}{\partial s}=\frac{R_d+R_e+R_c-a}{[(R_d+R_e+R_c)+s(a-R_d-R_e-R_c)]^2}$，则 $R_d+R_e+R_c>a$，$\frac{\partial m}{\partial s}>0$，则 s 与 m 正相关；若 $R_d+R_e+R_c<a$，$\frac{\partial m}{\partial s}<0$，则 s 与 m 负相关；若 $R_d+R_e+R_c=a$，$\frac{\partial m}{\partial s}=0$，则 s 与 m 不相关。

由此可见，影子银行预留扣减率和漏损率会直接影响影子银行信用创造。影子银行预留扣减率与存款派生倍数负相关，影子银行预留扣减率的降低会增大存款派生倍数，导致货币供给增加；影子银行漏损率与存款派生倍数的关系取决于法定存款准备金率、超额存款准备金率和现金漏损率之和与预留扣减率的相对大小，若三者之和高于预留扣减率，则漏损率与存款派生倍数正相关，漏损率的提高会导致货币供给增加。反之，漏损率与存款派生倍数负相关，漏损率的提高会导致货币供给减少。

这里，影子银行漏损率可以近似看作影子银行的规模变化的表征。影子银行规模对货币供给的影响取决于法定存款准备金率、超额存款准备金率和现金漏损率之和与预留扣减率的相对大小。在紧缩的货币政策时期，如果 $R_d+R_e+R_c>a$，$\frac{\partial m}{\partial s}>0$，由于 s 与 m 正相关，所以 s 减小，m 减小。所以此时影子银行规模减小、货币供给量减小。若 $R_d+R_e+R_c<a$，$\frac{\partial m}{\partial s}<0$，则 s 与 m 负相关，所以 s 增加，m 减小。所以此时影子银行规模增加、货币供给量减少。也就是说，在紧缩的货币政策时期，如果处于三者之和大于影子银行预留扣减率的阶段，抑制影子银行规模能够实现紧缩的货币政策效果；如果处于三者之和小于影子银行预留扣减率的阶段，则促进影子银行规模扩张会达到紧缩的货币政策效果。在扩张的货币政策时期，如

果 $R_d+R_e+R_c>a$，$\frac{\partial m}{\partial s}>0$，由于 s 与 m 正相关，所以 s 增加，m 增加。所以此时影子银行规模增加、货币供给量增加。若 $R_d+R_e+R_c<a$，$\frac{\partial m}{\partial s}<0$，则 s 与 m 负相关，所以 s 减少，m 增加。所以此时影子银行规模减少、货币供给量增加。也就是说，在扩张的货币政策时期，如果处于三者之和大于影子银行预留扣减率的阶段，促进影子银行规模扩张能够实现扩张的货币政策效果；如果处于三者之和小于影子银行预留扣减率的阶段，则抑制影子银行规模扩张会达到扩张的货币政策效果。

用 M0 来替代现金漏损，由于样本期内现金漏损率总体趋势基本保持平稳（见图 3-1），所以只考虑法定存款准备金率与超额存款准备金率变化可能造成的与预留扣减率相对大小的变化。在不同的经济运行阶段，各指标的变化趋势各不相同。在经济运行高涨阶段，由于企业的投资回报率上升，社会公众对经济前景有着良好的预期，投资者对风险敏感度降低，影子银行预留扣减率也在良好的经济态势下趋于下降，而此时中央银行又将采取从紧的货币政策以抑制经济过热，法定存款准备金率和超额存款准备金率都有上升的趋势，所以法定存款准备金率和超额存款准备金率之和将超过影子银行的预留扣减率，[①] 由上述推导可知，影子银行规模上升，货币供给量上升，二者正相关，也可以说影子银行削弱了紧缩性货币政策的效果。反之，在经济处于低迷阶段，影子银行的预留扣减率趋于上升，而中央银行采用宽松的货币政策刺激经济增长，法定存款准备金率和超额存款准备金率有下降趋势，所以影子银行预留扣减率将超过法定存款准备金率和超额存款准备金率之和，影子银行规模下降，货币供给量上升，二者呈负相关，而在扩张的货币政策下影子银行的规模由于传统商业银行信贷资金充足而呈下降趋势，即影子银行强化了扩张性货币政策的效果。[②] 无论是紧缩货币政策下影子银行规模的增加，还是扩张货币政策下影子银行规模的下降，都会促进货币供给量的上升，即影子银行的存在会参与信

---

① 解凤敏、李媛：《中国影子银行的货币供给补充与替代效应——来自货币乘数的证据》，载于《金融论坛》2014 年第 8 期。

② 该结论也可作为影子银行对货币政策效果影响的部分理论依据。

用创造从而使货币供给量上升。

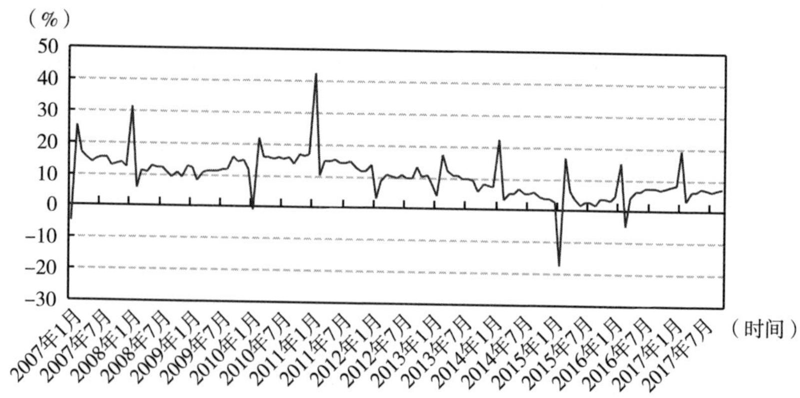

图3-1 M0同比增长趋势（2007年1月至2017年7月）

资料来源：Wind数据库。

影子银行体系的利率一般比商业银行的利率高，影子银行的扩张短期内会提升资金成本，促使利率上升，利率的上升使货币政策出现收紧效果，由上述分析可知，紧缩的效果下，影子银行与货币供给量正相关；虽然影子银行的存在能够参与信用创造，从而增加货币供给，但信用创造需要相应的时间，而且具有一定的隐蔽性，所以影子银行的扩张经过短期资金成本的上升，随着时间推移货币供给量会表现出非预期增加，使货币政策出现宽松效果，由上述分析可知，影子银行与货币供给量负相关。

所以可以得出如下推论：影子银行的扩张在初期对货币供给量有正向作用，后期会表现出负向作用。

3.2.3 对利率的作用机理分析

传统经典的IS-LM模型中只考虑了两种资产——货币和债券，而没有考虑信贷市场。伯南克和布兰德（Bernanke & Blinder，1988）将银行信贷引入IS-LM模型，构建了CC-LM模型，该模型包括商品市场、信贷市场和货币市场，包括贷款利率和债券利率两种利率。王振和曾辉（2014）借鉴CC-LM模型，在模型中引入影子银行，考虑影子银行对宏观经济的作用。毛泽盛和许艳梅（2015）也对CC-LM模型进行了修正，认为不仅信贷和货币供给能影响产出，影子银行和产出也密切相关。本章综合国内这四位学者的观点，参照王振和曾辉（2014）的理论模型对商品市场、货币市场和贷款市场三个市场进行分析。

模型的前提假设：第一，商业银行提供传统商业银行的信贷业务，同时也提供影子银行业务；第二，规避法定存款准备金率的要求是影子银行业务与传统银行业务的区别；第三，经济中的资金融通采用贷款和债券方式。

1. 贷款市场均衡

首先分析贷款市场情况，贷款需求方程：

$$L^d = L(\rho, i, y) \tag{3.1}$$

其中，ρ 为贷款利率；i 为债券利率；y 为总产出。

式（3.1）中，贷款利率越高，贷款需求越低，即$\frac{\partial L}{\partial \rho}<0$；债券利率越高，贷款需求越高，贷款融资和债券融资相互替代，具有替代效应，即$\frac{\partial L}{\partial \rho}>0$；总产出越大，贷款需求越大，即$\frac{\partial L}{\partial y}>0$。

由商业银行的资产负债表项目，假定资产项包括准备金 R、债券 B 和贷款 L^s，负债项为在商业银行的存款 D、影子银行业务产生的负债 sd。其中 R 包括法定存款准备金 τD 和超额存款准备金 E，则：

$$B + L^s + E = D(1-\tau) + sd \tag{3.2}$$

影子银行函数为：

$$sd = SD(p_s) \tag{3.3}$$

其中，p_s 是商业银行进行影子银行相关活动的利润率。p_s 越大，商业银行越倾向于扩张影子银行业务，影子银行规模扩大；p_s 越小，商业银行会相应缩减影子银行业务，影子银行规模缩小，即$\frac{\partial SD}{\partial p_s}>0$。影子银行函数主要受金融监管的影响，金融监管有效，则影子银行规模倾向于缩减。

贷款配置函数为：

$$\lambda = \lambda(\rho, i) \tag{3.4}$$

$\lambda = \lambda(\rho, i)$是在银行可用资产中贷款所占的比重。其中，贷款收益越高，贷款的供给量越高，即$\frac{\partial\lambda}{\partial\rho}>0$；而债券的利率越高，则银行越倾向于持有债券获益而减少贷款的发放，所以二者存在着替代关系，即$\frac{\partial\lambda}{\partial i}<0$。贷款配置函数受银行的风险偏好的影响，银行具有较高的风险偏好，则对贷款的审批标准较宽松，贷款的比重会上升。

贷款的供给函数：

$$L^s=\lambda(\rho,i)[D(1-\tau)+SD(p_s)] \tag{3.5}$$

由式（3.1）、式（3.5）联立，使贷款需求函数等于贷款供给函数，可求贷款市场均衡方程：

$$L^d=L(\rho,i,y)=L^s=\lambda(\rho,i)[D(1-\tau)+SD(p_s)]$$

$$L(\rho,i,y)=\lambda(\rho,i)[D(1-\tau)+SD(p_s)] \tag{3.6}$$

解得

$$\rho=\phi(i,y,D,\tau,p_s) \tag{3.7}$$

由贷款供给函数式（3.5）可以看出，中央银行实行紧缩性货币政策时，利率上升，贷款需求减少，相应的贷款配置量减少，而p_s处于增加阶段，所以影子银行的规模呈现上升趋势。所以，影子银行扩张的部分，在一定程度上弥补了贷款配置减少的部分，削弱了货币政策的实施效果。

2. 商品市场和贷款市场共同均衡

商品市场均衡，IS 曲线为：

$$y=Y(\rho,i) \tag{3.8}$$

对于式（3.8），ρ上升和i上升都会减少投资需求，从而减少总需求，使产出减少，即$\frac{\partial Y}{\partial\rho}<0$，$\frac{\partial Y}{\partial i}<0$。由于影子银行会创造新的流动性，这在一定程度上降低了融资约束，使商品需求上升，所以，此时的 IS 曲线在传统 IS 曲线的右方。

将式（3.7）代入式（3.8），得到商品市场和贷款市场的均衡方程，记作 CL 曲线：

$$y=Y(\phi(i,y,D,\tau,p_s),i) \tag{3.9}$$

其中，$\frac{\partial Y}{\partial i}=\frac{\frac{\partial Y}{\partial i}+\frac{\partial Y}{\partial\phi}\times\frac{\partial\phi}{\partial i}}{1-\frac{\partial Y}{\partial\phi}\times\frac{\partial\phi}{\partial y}}<0$

产出和利率之间存在负向相关关系，所以 CL 曲线向右下方倾斜。当借款者或贷款者认为贷款和债券是无差别的，即二者完全替代，IS 曲线和 CL 曲线重合。

3. 商品市场、货币市场和贷款市场共同均衡

货币供给量具有外生性，是由中央银行决定的。货币供给等于货币需求时货币市场达到均衡，由 LM 曲线可得式（3.10）。

$$\frac{M^s}{P} = M^d(i,y) \tag{3.10}$$

CL 曲线与 *LM* 曲线的交点是三个市场的共同均衡点，如图 3－2 所示。

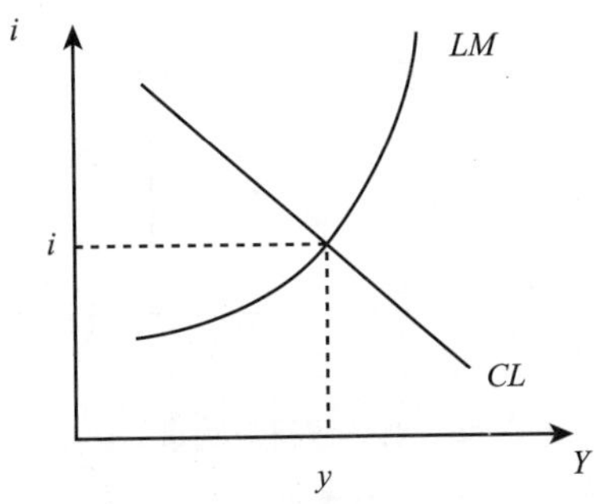

图 3－2 商品市场、货币市场和贷款市场共同均衡

由式（3.6）可以得到不存在影子银行的贷款市场均衡方程：

$$L(\rho,i,y) = \lambda(\rho,i) \times D(1-\tau) \tag{3.11}$$

通过式（3.6）和式（3.11）的对比可以看出，在信贷市场上，由于影子银行的存在能够扩大银行系统的资金来源，贷款规模得以扩大，所以 *CL* 向右移动。

如图 3－3 所示，紧缩的货币政策下，若不存在影子银行，则信贷市场上 *CL* 曲线由 CL_1 向左移动到 CL_2。在货币市场中，*LM* 向左移动，由 LM_1 移动到 LM_2。由于影子银行的存在，在信贷市场中，影子银行的存在使 CL_2 向右移动到 CL_3。在货币市场中，影子银行的存在能够提供一定的流动性，*LM* 曲线由 LM_2 向右移动至 LM_3。最终二者达到均衡，均衡利率为 i_3。

由图3－3可以看出，影子银行在紧缩的货币政策下会导致产出增加，但对利率的影响不确定，取决于*LM*曲线和*CL*曲线移动幅度的大小。由于影子银行的存在能够参与信用创造，从而增加货币供给，所以在一定程度上会对利率产生负效应，即会使利率有下降的压力。但影子银行本身资金成本高于传统商业银行，所以影子银行的发展会使社会总的资金成本上升，即利率有上升的趋势。所以无论从理论上还是从经验上看，影子银行对利率的影响是不确定的，需要进一步实证分析确定。

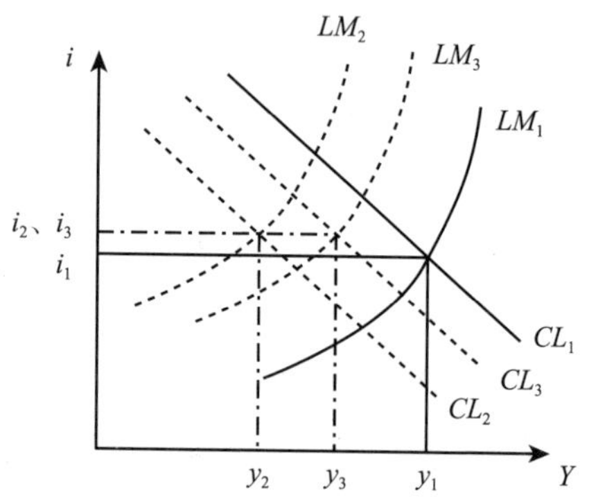

图3－3　影子银行对利率的影响

3.3 中国影子银行对货币政策最终效果的影响机理

3.3.1　指标选取依据

货币政策的最终目标为物价稳定、充分就业、经济增长和国际收支平衡，而这四个目标之间又存在着矛盾，不能同时实现。各国中央银行一直在多个目标之间寻求平衡点，我国央行规定货币政策的最终目标是保持币值稳定，并以此促进经济增长。就国内经济来说，对内币值的稳定就是指物价的稳定。

衡量所实施的货币政策是否有效，最直观的是看是否达到了政策目标，或多大程度达到了政策目标。就我国的货币政策最终目标来说，货币政策的有效性是考察紧缩性货币政策是否抑制了经济过热，是否抑制了物价过快上涨；扩张性的货币政策是否促进了经济增长，保证物价稳中有升。如果紧缩性的货币政策能够抑制通货膨胀，仅仅以牺牲了少量的经济增长为代价，则认为货币政策是有效的，否则，如果以经济衰退为代价，但对通货膨胀的抑制效果很低，则货币政策是无效的。扩张性的货币政策效果也是同样道理，如果扩张的货币政策能够促进经济迅速走出低谷，产出大幅提升，而物价上升幅度并不大，则认为货币政策时有效的，否则，如果以通货膨胀为代价，但对经济增长的促进作用很小，则货币政策是无效的。

影响货币政策效果的因素很多，例如，多种目标存在的矛盾、货币政策工具不足、货币政策中介目标可控性不强、货币政策的传导环境、经济主体对货币政策的预期、金融创新等，众多因素都会影响货币政策效果的实现。衡量货币政策效果的关键在于考察某种影响因素在货币政策工具调控下，通过不同货币政策传导渠道对GDP和物价水平等最终目标产生了怎样的影响，从而判断对货币政策效果的影响。基于2.3.5小节所述的原因，下面只从信贷传导渠道和利率传导渠道进行分析。

3.3.2　通过信贷传导机制影响货币政策效果的理论分析

我国资本市场起步较晚。一直以来，商业银行信贷是企业的主要融资渠道。随着资本市场的发展，股票、债券等多种筹资渠道为企业提供了更多的融资选择，但是能够通过股票、债券筹资的企业需要严格的审查和限制。影子银行的发展，为企业提供了新的融资渠道，尤其是对中小微企业。影子银行的出现丰富了企业的融资方式，从而对信贷传导的途径产生影响。王铭利（2015）从微观层面证明了广义信贷传导渠道的存在，同时对狭义信贷传导渠道和广义信贷传导渠道进行对比研究，认为货币政策通过这两种渠道都能改变企业的融资结构，同时提出在扩张的货币政策下，外部融资来源充足，企业都会保持最优资本结构，这样无法比较两种渠道的差异，所以只研究了紧缩的货币政策情况。该部分对企业融资结构的研究也借助于王铭利（2015）所建立的银行信贷传导模型，主要探讨影子银行在紧缩货币政策下如何影响企业融资结构从而影响紧缩性货币政策效果。

假设不存在影子银行，信贷市场上只有银行可以提供贷款，企业对于银行有很强的依赖。当中央银行采取紧缩性货币政策时，银行收紧流动性，减少对外贷款，企业可获得的信贷资金量减少，将更多地转向采取内源融资。

如果企业融资仅依赖于银行，则：

$$\begin{aligned} I^e &= F + L \\ L &= L(R^f) \end{aligned} \tag{3.12}$$

其中，I^e 代表均衡投资；F 代表内源融资量；L 代表外源融资量（即银行信贷量）；R^f 代表无风险利率，同时表示货币政策的扩张和紧缩性。

令 ϕ 表示均衡投资对内源融资的敏感度，即：

$$\phi = \frac{\partial I^e}{\partial F} \tag{3.13}$$

当 R^f 上升时，货币政策从紧，银行信贷减少，假定企业的投资支出在一定时期内存在刚性，企业必然会转向内源性融资，对其依赖性增强。即当 $R^f \geqslant 0$ 则必有：

$$\frac{\partial \phi}{\partial R^f} > 0 \tag{3.14}$$

假定存在影子银行，当中央银行实行紧缩性货币政策时，虽然银行信贷量减少，但企业外部融资不止银行信贷一个渠道，企业为了保持最优资本结构可以转向影子银行进行外源融资。任何的外源融资都存在着融资溢价，即由于信息不对称借款人对贷款人的风险补偿。设企业的总投资额为 I，内源融资额为 F，则外源融资额为 $I - F$。假设资金成本与投资支出之间存在着函数关系 S_1，即外部资金成本曲线。D 代表投资需求线。内部资金成本为 $R_1 = R^f + \theta$，θ 为风险调整系数。外部融资溢价用 Ω 表示，它受贷款规模和利率的影响：由于贷款规模越大，违约风险越高，外部融资溢价的大小随贷款金额的增加而上升；由于紧缩性货币政策会提高无风险利率，而无风险利率的上升会使企业的抵押品价值下降从而道德风险增加，所以外部融资溢价会随无风险利率的提高而上升。

当实行紧缩的货币政策时，货币供给量减少，从而会导致无风险利率上升，外部融资溢价升高。假设此时的外部融资包括银行信贷和影子银行，而融资成本 R 为内外部融资的加权平均资本成本。由于外部融资溢价升高，信贷供给曲线从 S_1 上升到 S_2 而不是平移到 S'（见图 3－4），均衡投资最终由 I_1 减少为 I_2 而不是 I'。若不存在影子银行，外部融资（银行信贷）在紧缩的货币政策下将由 I_1-F 下降为 $I'-F$，其中的差额 I_1-I' 只能由内部融资弥补。若存在影子银行，由于企业可以有多种融资渠道进行外部融资，所以在紧缩的货币政策下，虽然银行信贷量减少，但企业的资本结构存在最佳资本结构，即最佳的负债权益比率，使其加权平均资本成本最低。为保证其一定的负债比率，影子银行融资提供了一个外部融资途径。企业之所以会选择影子银行，是因为在考虑保持最佳的资本结构，也就是实现自身的加权平均资本成本最低，所以 S_2 比 S' 平缓①，也就是说，紧缩的货币政策下，S_1 向左移动，但不是平移。此时的外部融资（包括影子银行）为 I_2-F，其中的 I_2-I' 是影子银行融资部分，I_1-I_2 是企业由于紧缩的政策新增的内部融资。在不存在影子银行的情况下，要维持原有投

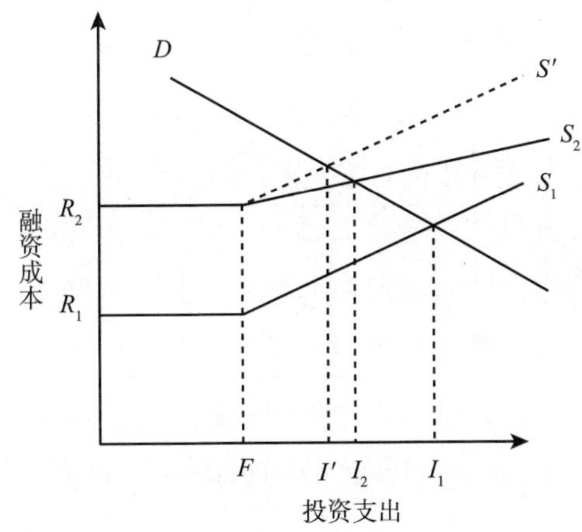

图 3－4　企业融资结构及来源变化

① 此处与王铭利（2015）的观点略有不同。对信贷供给曲线的移动情况进行修正的原因在于，融资成本这里看成是企业的加权平均资本成本，当外部融资溢价升高时，企业会调整其资本结构，保持最佳资本结构，即能够使加权平均资本成本最小，从而选择影子银行进行融资。此外，影子银行的存在会参与信用创造，增加一部分货币供给，所以在紧缩的货币政策下，广义信贷渠道的信贷供给曲线应该比狭义信贷渠道信贷供给曲线更平缓，即影子银行的存在使信贷供给曲线更加平缓。

资规模需要企业内源资金量较大，若该企业没有足够的内源资金实力，将会缩减投资规模，紧缩政策发挥效果；存在影子银行的情况下，要维持原有投资规模需要企业的内源资金量有所降低，企业可以从影子银行进行一定数量的外源融资，对内源资金要求量降低，所以企业有更大的可能性维持原有投资规模，紧缩性货币政策效果被削弱。

从经济增长的角度来看政策效果。如图3－5所示，由3.2.3小节三个市场均衡出发，在紧缩的货币政策下，若不存在影子银行，则信贷市场上CL曲线由CL_1向左移动到CL_2。在货币市场中，LM向左移动，由LM_1移动到LM_2，此时均衡产出为y_2。在信贷市场中由于影子银行的存在能够扩大银行系统的资金来源，贷款规模得以扩大，使CL_2向右移动到CL_3。在货币市场中，影子银行的存在能够提供一定的流动性，LM曲线由LM_2向右移动至LM_3。最终二者达到均衡，均衡产出为y_3。由于影子银行的存在，使得产出由y_2上升到y_3。影子银行带来了产出的正效应，削弱了紧缩性货币政策对经济过热的抑制效果。

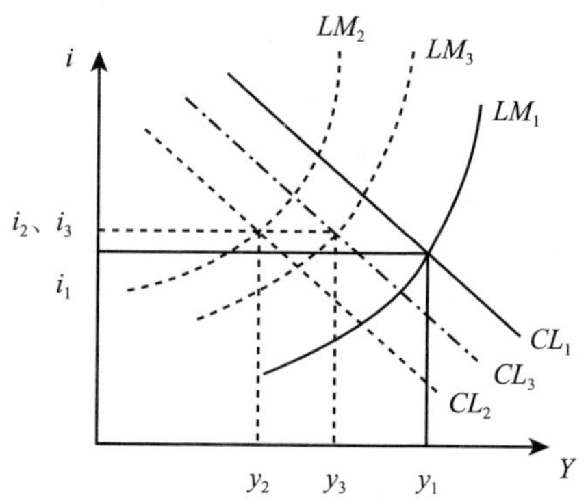

图3－5　紧缩货币政策下影子银行对经济增长的影响

如图3－6所示，当实行扩张的货币政策时，传统商业银行信贷供给较为充裕，企业融资成本较低。若不存在影子银行，在信贷市场中，CL曲线由CL_1向右移动到CL_2；在货币市场中LM曲线由LM_1向右移动到LM_2，均衡产出为y_2。若存在影子银行，在扩张的货币政策下，影子银行的发展空间虽然被大大压缩，但其仍然能够参与信用创造，只是信用创造的能力减弱，信贷供给增加的幅度较小，所以CL曲线向右移动，由

CL_2 移动至 CL_3；相应的货币供给量会小幅增加，由 LM_2 向右移动至 LM_3，此时均衡产出为 y_3。由于影子银行的存在，导致均衡产出有所上升，影子银行带来了产出的正效应，强化了扩张性货币政策刺激经济增长的效果。

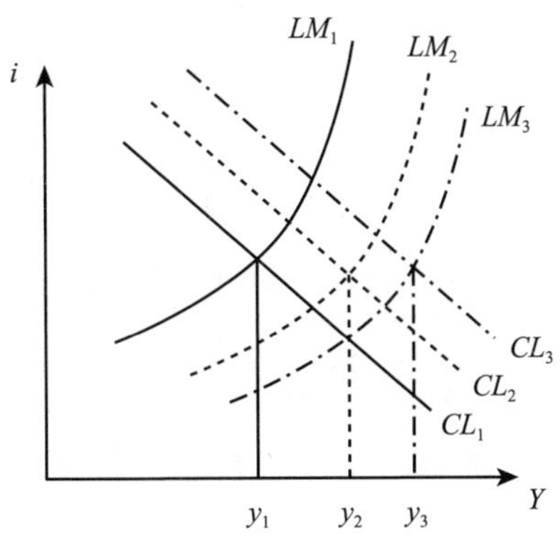

图 3－6　扩张货币政策下影子银行对经济增长的影响

从物价水平角度看货币政策效果，无论在紧缩的货币政策还是扩张的货币政策下，由于影子银行的存在导致信贷量增加。根据总需求与总供给模型，总需求曲线与总供给曲线的交点决定了总产量和价格水平。在短期，总需求曲线移动的较为频繁，而总供给曲线不易移动，如前面分析的结论，在影子银行的情况下，要维持原有投资规模需要企业的内源资金量有所降低，企业可以从影子银行进行一定数量的外源融资，对内源资金要求量降低，所以企业有更大的可能性维持原有投资规模，因此可以假设总供给在短期内是不变的。

如图 3－7 所示，在紧缩的货币政策下，总需求会减少，总需求曲线 AD_1 向左移动至 AD_2，价格由 p_1 下降至 p_2，产出由 y_1 下降至 y_2。若存在影子银行，由于影子银行在紧缩的货币政策下能够扩大银行系统的资金来源，贷款规模得以扩大，从而在一定程度上又扩大了总需求，总需求曲线由 AD_2 向右移动至 AD_3。此时，价格由 p_2 上升至 p_3，产出由 y_2 上升至 y_3。影子银行带来了物价水平的正效应，从而削弱了紧缩性货币政策的效果。

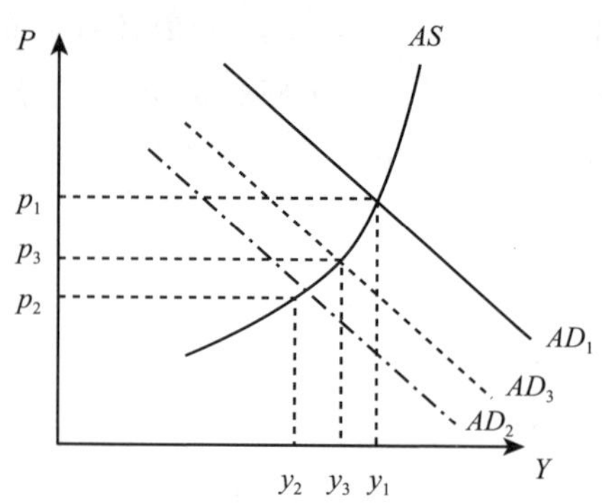

图3-7 紧缩货币政策下影子银行对物价水平的影响

如图3-8所示，在扩张的货币政策下，总需求会增加，总需求曲线AD_1向右移动至AD_2，价格由p_1上升至p_2，产出由y_1上升至y_2。若存在影子银行，在扩张的货币政策下，影子银行的发展空间虽然被大大压缩，但其仍然能够参与信用创造，只是信用创造的能力减弱，信贷供给增加的幅度较小，在一定程度上又提升了总需求，总需求曲线由AD_2向右移动至AD_3。此时，价格由p_2上升至p_3，产出由y_2上升至y_3。影子银行带来了物价水平的正效应，从而强化了扩张性货币政策的效果。

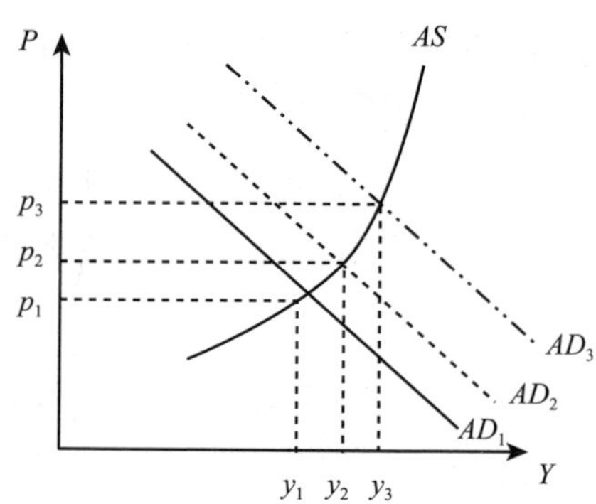

图3-8 扩张货币政策下影子银行对物价水平的影响

所以可以得到推论：影子银行会削弱紧缩性货币政策信贷传导渠道的效果，强化扩张性货币政策信贷传导渠道的效果。

3.3.3　通过利率传导机制影响货币政策效果的理论分析

中央银行可以运用多种货币政策工具对经济进行调控，而利率渠道是连接货币政策与实体经济的重要渠道。针对利率渠道的理论分析，主要借助于凯恩斯的利率传导理论和希克斯的 IS - LM 模型。

根据凯恩斯的利率传导机制，在扩张性的货币政策下，货币供给量增加导致利率下降，从而引起投资的增加，最终导致产出的增加；紧缩性的货币政策情况相反。当利率下降到某一水平时会出现凯恩斯“流动性陷阱”。

希克斯提出了产品市场和货币市场一般均衡的 IS - LM 模型。可以通过图形更加直观地分析不同货币政策下，影子银行通过利率传导渠道对货币政策效果产生的影响。

如图 3 - 9 所示，对于经济增长而言，紧缩的货币政策下，货币供给量减少，由 LM_1 向左移动至 LM_2，利率由 i_1 上升至 i_2，产出由 y_1 减少至 y_2，由于影子银行的存在，使得 LM_2 向右移动至 LM_3，利率由 i_2 下降至 i_3，产出由 y_2 上升至 y_3。由于利率的下降，导致产出有所增加。所以，影子银行削弱了紧缩性货币政策的效果。

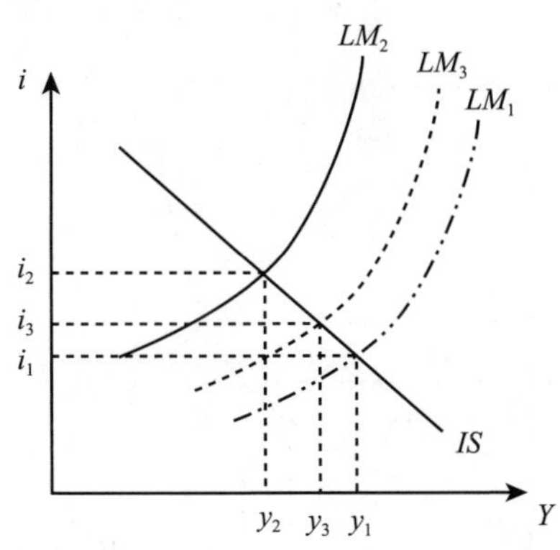

图 3 - 9　紧缩货币政策下影子银行对经济增长的影响

如图 3 - 10 所示，扩张的货币政策下，货币供给量增加，由 LM_1 向右移动至 LM_2，利率由 i_1 下降至 i_2，产出由 y_1 增加至 y_2，由于影子银行的存在，使得 LM_2 向右移动至 LM_3，利率由 i_2 下降至 i_3，产出由 y_2 上升至 y_3。

由于利率的下降，导致产出有所增加。所以，影子银行强化了扩张性货币政策的效果。

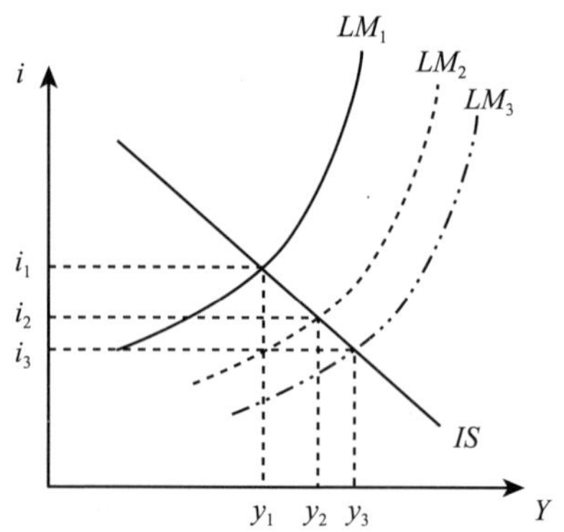

图 3－10 扩张货币政策下影子银行对经济增长的影响

如图 3－11 所示，对于物价水平而言，同样假定总供给曲线短期不变。在紧缩的货币政策下，总需求会减少，总需求曲线 AD_1 向左移动至 AD_2，价格由 p_1 下降至 p_2，产出由 y_1 下降至 y_2。若存在影子银行，由于影子银行在紧缩的货币政策下能够使利率有所下降，从而在一定程度上又扩大了总需求，总需求曲线由 AD_2 向右移动至 AD_3。此时，价格由 p_2 上升至 p_3，产出由 y_2 上升至 y_3。影子银行带来了物价水平的正效应，从而削弱了紧缩性货币政策的效果。

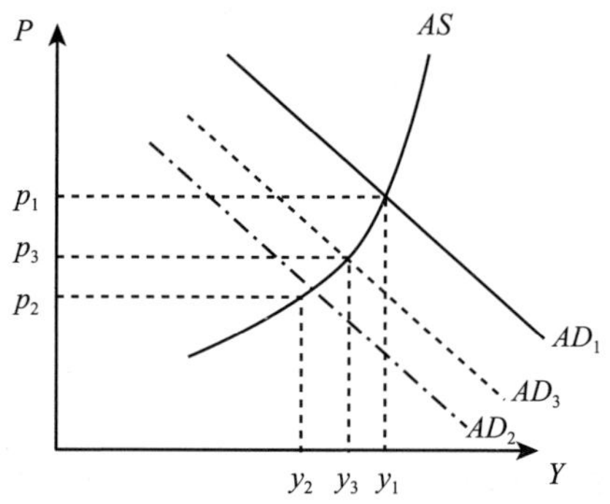

图 3－11 紧缩货币政策下影子银行对物价水平的影响

如图 3－12 所示，在扩张的货币政策下，总需求会增加，总需求曲线 AD_1 向右移动至 AD_2，价格由 p_1 上升至 p_2，产出由 y_1 上升至 y_2。若存在影子银行，在扩张的货币政策下，影子银行能够使利率有所下降，在一定程度上又提升了总需求，总需求曲线由 AD_2 向右移动至 AD_3。此时，价格由 p_2 上升至 p_3，产出由 y_2 上升至 y_3。影子银行带来了物价水平的正效应，从而强化了扩张性货币政策的效果。

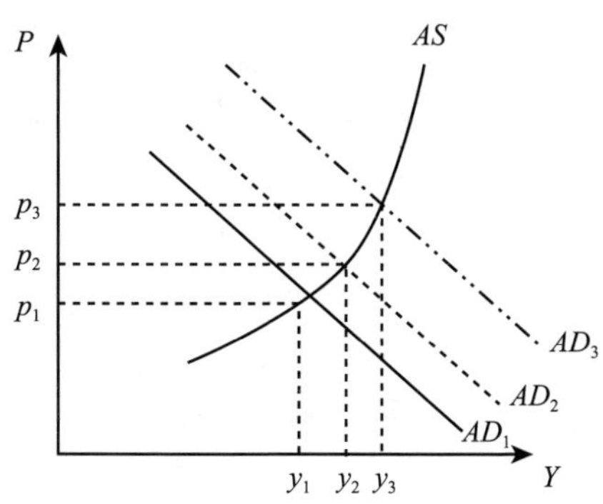

图 3－12　扩张货币政策下影子银行对物价水平的影响

所以可以得到推论：影子银行会削弱紧缩性货币政策利率传导渠道的效果，强化扩张性货币政策利率传导渠道的效果。

第4章

中国影子银行对货币政策工具的影响

4.1 中国货币政策工具的操作实践

中国不同时期的货币政策是根据环境、制度、微观经济主体和传导机制的变化而适时进行操作和调整。每一个时期的货币政策都力求与对应时期的经济相适应。随着经济的发展，货币政策的实施环境愈加复杂，尤其是1998年以来的货币政策工具操作与调整更加频繁和复杂，央行的调控能力也随之上升，创造了很多金融工具调节流动性。按照松紧程度划分，货币政策大致可以划分为四个阶段：稳健的货币政策、适度从紧的货币政策、适度宽松的货币政策、稳健的货币政策。

1. 1998年至2002年：稳健的货币政策

经历了东南亚金融危机之后，中国开始实施稳健的货币政策，并开始尝试市场化调控。1998~2002年是货币政策市场化调控的尝试阶段。中国人民银行推进货币政策工具改革，货币供给量目标由M1变为M2，将法定存款准备金账户和备付金账户进行了合并。为了阻止经济衰退，虽然实施的是稳健的货币政策，但实际上是较为宽松的货币政策。这一时期，中国人民银行进行了一系列政策的调整：1998年3月21日，将准备金率由13%降低至8%；1999年，准备金率下调至6%；在此期间，法定存款准备金利率由8.28%下调至2.07%；超额准备金利率由7.92%下调至2.07%；再贷款利率由10.62%下调至3.78%；一年期存款利率由5.22%下调至

1.98%；一年期贷款利率由7.92%下调至5.31%。公开市场业务的交易方式也有了改善。2001年以前公开市场业务主要以回购交易为主，2001年以后公开市场业务的现券交易量增加。以2001年为例，公开市场业务分为三个阶段：第一阶段，为对冲春节期间现金流出导致的商业银行流动性下降，通过逆回购投放基础货币；第二阶段，2～5月外汇占款增幅较大，通过正回购回笼货币；第三阶段，6月以后，投放基础货币使货币供给量增幅回升至目标区间。这一系列政策的实施释放了大量的流动性，增加了商业银行的可贷资金量，推动经济走出低谷，货币政策累积的效果在下一阶段得到了显现。

2. 2003年至2008年上半年：适度从紧的货币政策

从2003年开始，我国开始了新一轮的经济增长周期，投资快速增长，信贷大量投放，消费物价指数一直在高位运行，通胀压力逐渐加大，对外贸易出现巨额顺差。中国人民银行开始有意识地抑制经济过热，货币政策从“稳健”开始转向“适度从紧”。中国人民银行利用多种货币政策工具来保持金融市场的稳定，抑制经济增长过热。法定存款准备金政策的频繁使用是这一时期的显著特点。从2003年9月至2008年6月，中国人民银行先后20次上调法定存款准备金率，从6%上调到17.5%。中国人民银行频繁使用这一政策主要是因为外汇储备规模增速过快，导致基础货币被动投放量迅速增加，市场上流动性过剩，冲击着股票市场和房地产市场，加大了金融市场的风险。法定存款准备金政策被认为是货币政策效力最强的货币政策工具，对经济有着很强的影响，由于其对经济的过强的震动，绝大多数国家已经废弃了这一货币政策工具。我国央行在这一时期频繁使用这一工具进行经济的调整，是因为我国缺少效果显著的货币冲销工具。对于我国这一阶段的实际情况，存款准备金政策的使用最初并没有显著成效，是因为当时巨额顺差导致外汇占款被动投放基础货币，同时国际资本赌人民币升值，大量资金流入国内，同样也造成了国内流动性过剩，法定存款准备金政策紧缩信用的目的最初并没有实现。在多次运用法定存款准备金政策的同时，中国人民银行还调整自身的资产负债，将央票作为冲销货币的另一种常规性金融工具。中国人民银行进行公开市场操作，通过发行央行票据和国债的正回购来回笼基础货币。2007年底，中央经济工作会议明确提出货币政策由“稳健”改为“从紧”，提出防止经济增长过热，防止价格上涨过快变为明显的通货膨胀。我国实施了长达10年的“稳健”型的货币政策变为“从紧”的货币政策，致使2008年上半年法定存款准备金率上调了5次，但“从紧”的货币政策维持了只有半年，2008年下半年就转为了适度宽松的货币政策。

3. 2008年下半年至2010年：适度宽松的货币政策

由于金融危机的影响，仅仅实施半年的“从紧”的货币政策又转为“适度宽松”的货币政策。2008年7月以来，国际金融危机加剧，我国经济发展势头受到很严重的冲击，出口大幅缩减，很多企业都陷入了经营的困境，失业率也在不断上升。为了抑制经济的衰退，中国人民银行及时调整了宏观调控手段，将“保增长，扩内需，调结构”作为宏观调控的主要任务，仅2008年下半年央行5次下调法定存款准备金率，同时还推出了差额准备金制度，对大型金融机构和中小型金融机构实行差别化的调控。中国人民银行在运用存款准备金政策的同时还对金融机构的存贷款利率进行调整，5次下调了存贷款基准利率，一年期存贷款利率分别降为1.98%和5.31%。为了应对金融危机给经济造成的巨大下行的影响，中国人民银行使用了行政手段对信贷规模进行调控，仅2009年一年新增贷款规模就超过了4万亿元，经济领域货币供给量空前宽松，为经济回升提供了良好的金融支持环境。但是货币供给量的增速过快，又对国内物价水平带来了上涨的压力。2010年，消费物价指数迅速攀升，货币政策调控目标不得不从保增长转为平衡物价水平与经济增长的矛盾。所以，中国人民银行不断对货币供应量进行微调，主要是在经济增长和物价稳定之间寻求平衡。

在这一阶段，法定存款准备金率的调整是根据流动性的变化而进行的。次贷危机的爆发使贷款需求迅速减少，货币乘数由2006年的5%以上下降到4%以下，使流动性大量减少，形成了上一阶段较高的法定存款准备金政策退出的时机。降低法定存款准备金率和贷款利率，鼓励商业银行信用扩张，同时中央政府的财政刺激计划大大地拉动了投资需求，使货币乘数得以回升。这一时期，央行实行差别准备金率，说明央行开始依照各种类型的金融机构存在的差别因素对准备金率进行调整，这也是开始利用准备金政策对区域经济和产业进行结构性调整。这一差别化的准备金政策在后续的应用中表现得更为明显。

4. 2011 年至今：稳健的货币政策

2011 年以后，中国人民银行所要处理的是货币供应量如何与经济增长相适应这一问题，同时如何利用差别准备金政策进行经济和产业结构的调整也是货币政策所考虑的问题。2011 年，中国人民银行先后 6 次上调准备金率，大型金融机构法定存款准备金率上调最高达到 21.5%，使流通中的流动性被大幅度控制在央行手中。随后，中国人民银行通过公开市场业务对流动性进行微调，试图使货币供应量与经济增长相适应，同时推进金融体系改革，减少金融压抑对经济的阻碍。2011 年，中国人民银行减少票据的发行量，全年共发行 1.414 万亿元，包括 5 350 亿元的 3 个月期央行票据、7 550 亿元的 1 年期央行票据、1 240 亿元的 3 年期央行票据。由于法定存款准备金率的上调导致市场利率迅速上升，票据发行利率也呈上升趋势。减少票据发行的这种公开市场操作，可能是为了降低不断提高的法定存款准备金率对银行体系乃至整个金融领域流动性的影响。

2011 年 12 月至 2016 年 3 月，中国人民银行又先后 8 次下调了法定存款准备金率，通过对大型金融机构和中小金融机构实行差别化法定存款准备金率的调整，促进产业结构升级和区域经济发展。2012 年，中国人民银行有效利用公开市场业务的预调和微调的作用，使之与存款准备金政策相互协调和配合，增强流动性管理的针对性和有效性，更加合理地调节银行体系和整个金融市场的流动性水平。同时，根据经济金融形势变化，对差别准备金率进行适时调节，加大对小微企业等金融支持薄弱环节的信贷投放，并灵活调整信贷投放的进度以满足实际需求。2013 年，进一步推进利率市场化进程，完善利率体系。2013 年 7 月 20 日，中国人民银行取消了贷款的利率管制。由于法定存款准备金率的调整对金融市场的影响比较大，而在 2013 年经济的总体运行情况相对稳定，所以中国人民银行没有动用准备金政策这一货币政策工具进行调控经济。2014 年，中国人民银行继续推行稳健的货币政策，下调存贷款基准利率，扩大存款基准利率的浮动区间上限，没有出台具有强效应的政策来刺激经济快速增长，而是采取了适时适度的预调和微调。2015 年，中国人民银行为了降低融资成本，同时保持流动性的合理充裕，进行了降准和降息等一系列货币政策操作。从最后货币政策的效果来看，货币供应量保持在稳定并略微宽松的状态，货币乘数迅速上升，实际利率基本保持稳定。同时，结构性货币政策工具的力度不断增强。2016 年，我国将经济增长的稳定、人民币汇率的稳定和供给侧改革作为首要实现的目标。2016 年 3 月 1 日，央行下调大型金融机构和中小型金融机构存款准备金率 0.5 个百分点，用以保证金融市场的流动性合理充裕，并促使信贷规模适度增长。2017 年，我国的货币政策是稳健中性，主要是要对流动性进行综合调控，保持其基本稳定。同时，加大对重点领域的金融支持力度，有效发挥货币政策对信贷结构优化的作用，积极推进供给侧改革。

2011 年到现在，法定存款准备金率曾达到 21.50%，之后又逐步下调，实际上是央行根据金融市场上流动性的情况进行调控，同时辅以公开市场操作等其他货币政策工具来实现经济增长和稳定物价等多个货币政策目标。我国外汇储备的激增，导致货币供给内生性增强，货币政策工具的效力有所削减，甚至失效。所以，央行在进行货币政策调控过程中，要不断创新货币政策工具，或创新性地使用货币政策工具，使央行的货币政策调控更好地发挥作用。当前，中国人民银行为增强流动性的调控能力，引入了常备借贷便利（SLF）、中期借贷便利（MLF）等短期和中期流动性调整工具。SLF 和 MLF 的引入，可以有效地提高货币调控效果和对银行体系流动性风险的防范，提高应对短期流动性波动和中期流动性管理的能力，大大丰富了央行货币政策工具的调控手段。

4.2 影子银行对货币政策工具影响的实证分析

4.2.1 变量选择与数据检验[①]

1. 变量选择与说明

本节主要涉及两类相关的经济变量：影子银行规模变量、货币政策工

① 本节数据来源于 Wind 数据库和中经网统计数据库，数据跨度为 2007 年 1 月至 2017 年 8 月，所有数据均采用月度数据。

具变量。影子银行规模指标用 SHB 表示。对货币政策工具变量的选取主要考虑法定存款准备金率、再贴现率和公开市场操作。法定存款准备金率采用大型存款类金融机构的人民币存款准备金率，用 RES 表示；由于央行公布的贴现率指标在一定时期是固定的，而银行同业拆借利率可近似反映再贴现率①，所以采用市场上银行同业隔夜拆借利率作为再贴现率指标，用 RED 表示；公开市场操作是央行在金融市场上通过回购、买卖证券调整基础货币量的重要工具，最终表现为货币的投放和回笼，所以选用货币投放和货币回笼的差值，即资金净投放量来表示公开市场操作工具变量，用 RWI 表示。影子银行规模和资金净投放量均剔除了价格因素的影响。

2. 平稳性检验

为避免伪回归，需要对各个变量进行平稳性检验。对影子银行指标和资金净投放量指标作季节调整。对各变量进行差分处理，代表各变量的增量。通过对影子银行规模变量和货币政策工具变量的平稳性检验，得出结果如表 4 –1 所示。

表 4 –1　　各个相关变量平稳性检验（ADF 检验）

变量	检验类型（*c*、*t*、*k*）	*t* 值	临界值	结果
DSHB	（0、0、0）	–21.02245	–3.482879***	I（0）
DRES	（0、0、1）	–4.277361	–3.483312***	I（0）
DRED	（0、0、2）	–9.588760	–3.483751***	I（0）
DRWI	（0、0、9）	–8.516092	–3.487046***	I（0）

注：*** 表示在 1% 的显著性水平上拒绝或者接受原假设。

根据平稳性检验结果，所有变量经过差分处理后都是平稳变量。

3. 格兰杰因果关系检验

检验各变量之间的格兰杰（Granger）因果关系，结果如表 4 –2 所示。基于 VAR 模型的滞后阶数的确定，由于 AIC 和 SC 准则无法同时取最小值

---

① 李从文：《中国影子银行与货币政策调控——基于时变 Copula 动态相关性分析》，载于《南开经济研究》2015 年第 5 期，第 40 ~57 页。

来确认最优滞后期，所以根据 LR 准则，确定变量的最优滞后期为 4。

表 4－2　　　　格兰杰因果检验结果

原假设	F 统计量	伴随概率（P）	结果
DRES 不是 *DRED* 的格兰杰原因	2.32544	0.0606	接受
DRED 不是 *DRES* 的格兰杰原因	1.00734	0.4068	接受
DRWI 不是 *DRED* 的格兰杰原因	0.31445	0.8678	接受
DRED 不是 *DRWI* 的格兰杰原因	0.55202	0.6979	接受
DSHB 不是 *DRED* 的格兰杰原因	2.71772	0.0332	拒绝
DRED 不是 *DSHB* 的格兰杰原因	1.07548	0.3720	接受
DRWI 不是 *DRES* 的格兰杰原因	1.23324	0.3008	接受
DRES 不是 *DRWI* 的格兰杰原因	0.92452	0.4523	接受
DSHB 不是 *DRES* 的格兰杰原因	1.13494	0.3437	接受
DRES 不是 *DSHB* 的格兰杰原因	0.63054	0.6417	接受
DSHB 不是 *DRWI* 的格兰杰原因	6.16886	0.0002	拒绝
DRWI 不是 *DSHB* 的格兰杰原因	0.54278	0.7046	接受

结果表明：影子银行规模的变动是再贴现率变动的格兰杰原因；影子银行规模的变动也表现为资金净投放量变动的格兰杰原因。也就是说，影子银行规模变化会影响再贴现率的变化，即影响银行的资金成本；影子银行规模的变化同样还会影响资金净投放量，即影响央行对金融市场上资金规模的适时调控。

4.2.2　模型构建及结果分析

本节所要研究的是影子银行对货币政策工具的影响。对于影子银行对多种货币政策工具的相互影响关系属于多变量之间关系的分析，这类实际经济行为的分析普遍应用结构向量自回归模型（SVAR），该模型所得到的结果能够较为合理地解释变量之间的关系及实际经济现象，尤其对货币政策问题的分析，SVAR 模型应用较多。同时，货币政策工具对外部经济形势变化冲击的响应有可能存在一定的时滞，在考察影子银行对政策工具的影响时有必要考虑当期关系从而观察时滞效应，而 SVAR 模型考虑了变量的当期关系，本节采用SVAR模型分析影子银行对货币政策工具的影响。

1. 结构向量自回归模型（SVAR）

通过VAR格兰杰因果检验，*DSHB*、*DRED* 和 *DRWI* 为内生变量，而 *DRES* 则外生于系统。如图4－1所示，通过对AR根的检验，均在单位圆内，模型是稳定的。

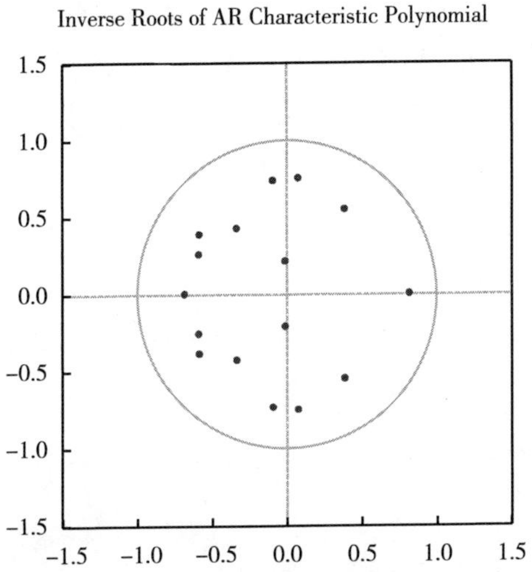

图4－1 AR根检验

建立3变量的SVAR模型，其形式如下：

$$A\varepsilon_t = Bu_t \qquad t = 1,\ 2,\ \cdots,\ T$$

本部分采用递归识别方法对模型进行短期约束。对变量和参数矩阵A和B作如下限制：

$$A = \begin{bmatrix} 1 & 0 & 0 \\ a_{21} & 1 & 0 \\ a_{31} & a_{32} & 1 \end{bmatrix} \quad B = \begin{bmatrix} b_{11} & 0 & 0 \\ 0 & b_{22} & 0 \\ 0 & 0 & b_{33} \end{bmatrix} \quad \varepsilon_t = (\varepsilon_{1t} \quad \varepsilon_{2t} \quad \varepsilon_{3t})' \quad u_t = (u_{1t} \quad u_{2t} \quad u_{3t})'$$

其中，ε_t 是VAR模型的扰动项；u_{1t}、u_{2t} 和 u_{3t} 分别表示作用在 *DSHB*、*DRWI* 和 *DRED* 上的结构式冲击。

由于仅研究影子银行对货币政策工具的影响，所以脉冲响应函数和方差分解也只从影子银行对公开市场业务及再贴现率的影响进行分析。

2. 脉冲响应函数

在脉冲响应的分析中，主要考察影子银行对政策工具的影响程度及影响的动态反应持久性。对政策工具的影响程度是指影子银行的冲击对政策工具能产生的最大程度的影响。影响的动态反应持久性是指从影子银行对政策工具发挥效用算起，到该影响作用完全发挥的时间。

图 4－2 为货币政策工具对影子银行规模的脉冲响应函数图。由图 4－2（a）可以看出，影子银行规模变动的冲击对公开市场操作的影响存在一定的时滞。在最初 2 期，冲击效应并没有显现，在第 2 期之后开始显现负向作用。第 3 期之后，负向作用减弱，变为正向作用，在第 4 期达到最大。随后影子银行规模变动的冲击效应震荡收窄，在第 11 期基本消失。由图 4－2（b）可以看出，影子银行规模变动的冲击对再贴现率的影响在第 1 期呈现最大负向作用，随后逐渐减弱，在第 2 期达到最大正效应。之后正向作用迅速减弱，在第 5 期基本消失。

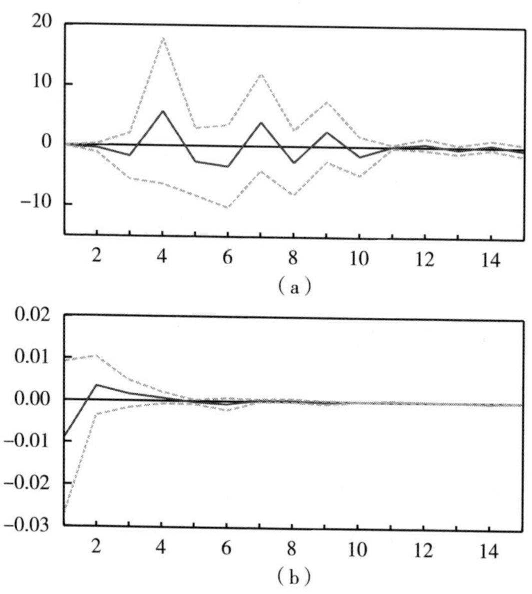

图 4－2　货币政策工具对影子银行的脉冲响应函数

综合图 4－2 发现，影子银行对公开市场业务的作用存在时滞效应，但对公开市场业务和再贴现率最初都具有负向作用，说明最初影子银行规模的增加，会导致公开市场业务中资金净投放量减少，再贴现率降低。在影子银行对再贴现率是负向作用的时候，对公开市场业务的作用还没开始显现。而当影子银行对公开市场业务负向作用在第 2 期开始逐渐显现的时候，影子银行对再贴现率已经表现为正向作用。也就是说，在第 2 期之前，影子银行规模增加会导致再贴现率下降，即影子银行规模增加会出现扩张性货币政策效果。而第 2 期之后，影子银行规模增加，会提高再贴现率，出现紧缩性货币政策效果。此时，影子银行对公开市场业务的负向作用出现，影子银行规模增加会导致资金净投放量减少，出现紧缩性货币政策效果。此后，影子银行对再贴现率的影响逐渐减弱甚至消失，而对公开市场业务的影响却持续到第 11 期才消失。所以，影子银行对公开市场业务的作用时间较长，效果较明显。

3. 方差分解

表 4－3 是对公开市场业务和再贴现率分别作方差分解，并只取影子银行对二者的贡献度在表内体现。从表 4－3 可以看出，影子银行对公开市场业务和再贴现率这两大货币政策工具的影响贡献度占比很小。影子银行变动对公开市场业务变动的贡献在第 2 期达到最大，随后降低，之后又呈逐渐上升趋势，但幅度很小，基本可以认为在第 10 期保持平稳。影子银行对再贴现率的影响呈逐期上升趋势，幅度也很小，第 6 期之后基本保持一种平稳状态。

表 4－3　　*DRWI* 和 *DRED* 的方差分解

时期	*DSHB*（*DRWI*）	*DSHB*（*DRED*）
1	0. 990099	0. 795600
2	0. 991187	0. 796123
3	0. 662783	0. 796551
4	0. 725098	0. 796682
5	0. 725358	0. 796733
6	0. 738513	0. 796850
7	0. 749140	0. 796859
8	0. 753933	0. 796867
9	0. 757230	0. 796859
10	0. 757521	0. 796859

从影子银行对公开市场业务和再贴现率分别的方差分解中可以看到，影子银行短期内对公开市场业务的影响程度大于对再贴现率的影响程度，但随着时间的推移，影子银行对再贴现率的影响大于对公开市场业务的影响。也就是说，在短期内，公开市场业务对影子银行作用的反应更大，从长期来看，再贴现政策对影子银行作用的反应更大。结合脉冲响应图和方差分解表，影子银行对再贴现政策在一开始就发挥作用，而且在第 6 期完全发挥，所以动态反应的持久性在 0 ~ 6 期。影子银行对公开市场业务的作用从第 2 期开始发挥作用，在第 10 期完全发挥，所以动态反应的持久性在 2 ~ 10 期。

4.2.3 实证结论

影子银行的发展与货币政策调控密切相关。通过一系列检验建立 SVAR 模型，选定影子银行规模和再贴现率、公开市场业务为系统内生变量，分别代表影子银行和货币政策工具。而法定存款准备金率由央行不定期根据经济形势进行调整，外生性较强，所以不作讨论。通过对模型的分析发现，影子银行对货币政策工具存在着一定的影响，符合理论推论。

影子银行规模变化的冲击对公开市场业务和再贴现率均具有负向作用，同时对公开市场业务的负向作用具有时滞。这说明最初影子银行的扩张短期内会提升资金成本，促使利率上升。利率的上升使货币政策出现收紧效果，若央行维持原经济状态，那么再贴现率可能会下降，用于抵消利率上升所带来的紧缩性影响。第 2 期之后，影子银行规模的扩张会促进再贴现率上升，此时，对公开市场业务的负向作用开始显现，即影子银行规模的扩张会降低资金的净投放量，也就是说，在这一时期，影子银行规模的增加会加大紧缩性货币政策工具的使用程度，这说明随着影子银行信用创造所带来的货币供给量的增大，导致央行不得不减少资金净投放量和提高再贴现率抑制货币投放过多。

从影响的程度上看，在短期内，公开市场业务受影子银行的影响更大；从长期来看，再贴现政策受影子银行的影响更大。同时，公开市场业务和再贴现政策的动态反应持久性也不同，公开市场业务动态反应持久性较长，但其对影子银行作用的反应存在时滞，这一时滞可以认为是内部时滞；再贴现政策动态反应持久性较短，也就是说，影子银行对再贴现政策的作用在较短的时间就能完全发挥。对再贴现政策的作用几乎没有时滞，冲击出现后作用立即显现。

第5章

中国影子银行对货币政策中介目标的影响

由于货币政策发挥作用需要一个传导的过程，同时各级部门在实施的过程中可能会存在偏差，所以保证货币政策效果的实现，重要的一个环节就是如何选择货币政策的中介目标。货币理论认为，货币政策中介目标必须满足三个条件。第一，可测性。即中央银行能够对中介目标变量进行比较精确的统计，同时对其内涵和外延能够准确把握，中央银行可以据此进行统计分析，研究人员能够据此进行科学研究。第二，可控性。即中央银行能够通过操作货币政策工具将所选择的中介目标变量控制在预期范围之内。第三，相关性。即货币政策的中介目标和货币政策最终目标要紧密相关，控制并实现货币政策中介目标就能够实现货币政策最终目标。此外，中介目标的选择要与经济、金融发展相匹配，经济、金融环境发生变化，中央银行所选择的中介目标可能就会相应进行调整。

中国货币政策调控手段大体分为数量型和价格型。数量型的调控手段主要通过信贷渠道传导机制，影响货币供应量这一中介目标，从而实现货币政策的最终目标；价格型调控手段主要通过货币渠道传导机制影响利率这一中介目标，从而实现货币政策最终目标。在目前理论界的研究中通常将货币供应量及利率分别作为数量型货币政策和价格型货币政策的代理变量。

5.1 货币供应量指标的运行状况

5.1.1 货币供应量运用情况的统计分析

1994 年，中国人民银行出台了《中国人民银行货币供应量统计和公布暂行办法》，开始进行货币统计和货币层次的划分。同时，根据国际通用原则，以货币的流动性不同作为划分标准，将货币划分为四个层次：M0 定义为流通中的现金；M1 为在 M0 的基础上加入企业存款（不包括单位定期存款和自筹基建存款）、农村存款、居民个人的信用卡类型的存款和部队团体机关的存款；M2 为广义货币，在狭义货币 M1 的基础上加入企业定期存款和自筹基建存款、城镇和乡村居民的储蓄存款、信托存款和外币存款；M3 是在 M2 的基础上又扩充了商业票据、金融债券和大额可转让定期存单等。由于 M3 是出于对不断出现的金融创新考虑而设置，目前只进行测算而没有对外公布。

随着经济金融的发展，之后我国又对货币供应量的统计口径进行了一定的调整。第一次调整：2001 年 7 月，中国人民银行在广义货币供应量 M2 的统计口径中增加了证券公司客户保证金，保持 M0 和 M1 不变。这是由于证券公司客户保证金主要来自居民的储蓄存款和企业存款，尤其在进行新股认购时，大量的居民储蓄存款转移为客户保证金，当新股认购结束后，没有中签的资金又回流到原先的账户，在原来的统计口径中，会造成货币供应量的数据被严重低估。第二次调整：2002 年 3 月，中国人民银行对货币供应量统计口径再次进行了调整，将外资银行、合资银行等外资金融机构有关的人民币存款业务，分别计入所对应的各个层次的货币供应量。这是由于我国在 2001 年底加入世贸组织，扩大了银行业对外开放的程度，对外资银行的准入门槛进一步降低，这使得外资银行的人民币存款规模呈现上升趋势。为了货币供应量统计的准确性，需要将其纳入统计中。第三次调整：2011 年 10 月，广义货币供应量 M2 统计口径又增加了非存款类金融机构在存款类金融机构的存款和住房公积金存款。这是由于这两类存款已经具有一定规模，对货币供应量具有较大影响。

2015 年以前，M1 和 M2 的趋势基本相同；但 2015 年之后，M1 和 M2 出现了背离（见图 5－1），M1 同比增速升高而 M2 同比增速却呈下降趋势。CPI 同比增速基本上与 M2 保持着同步变化，从 2013 年开始基本保持平稳。我国这一时期的法定存款准备金率呈下降趋势，而广义货币供应量增速没有提高，反而有下降趋势。这从一个侧面也反映出 M2 对货币政策工具的反应已经不灵敏，或者说，存在大量不受存款准备金率约束的资金使 M2 的统计口径问题愈加明显。

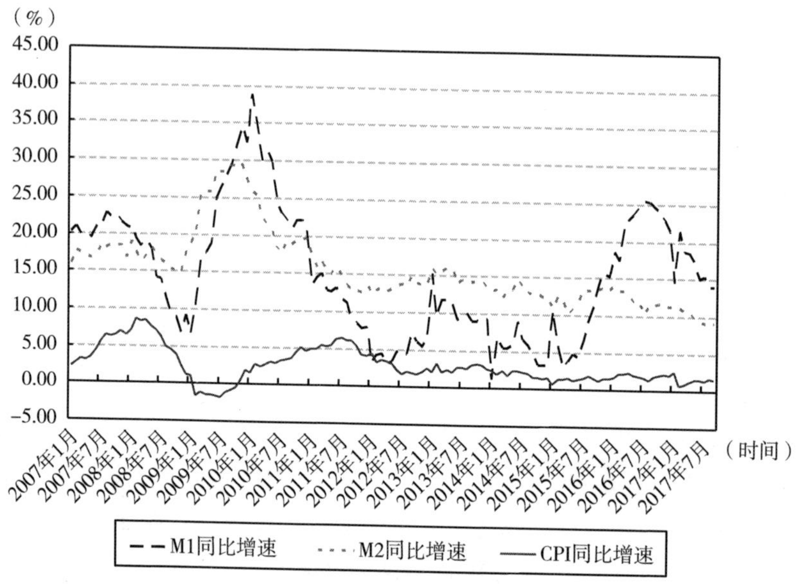

图 5－1　M1、M2、CPI 同比增速对比（2007 年 1 月至 2017 年 7 月）

资料来源：Wind 数据库。

5.1.2　货币供应量的可控性分析

我国货币当局在 1996 年开始引入货币政策中介目标，货币供应量作为货币政策的中介目标开始发挥作用，货币政策由直接调控转为间接调控，货币供应量作为货币政策中介目标发挥了积极作用。作为中介目标的货币供应量是具有可控性的指标，但日益丰富的金融创新产品使货币供应量的可控性下降。尤其是影子银行体系出现以后，拓宽了企业的融资渠道，但对货币供应量的可控性造成了冲击。

基础货币和货币乘数共同决定货币供给量。理论上，中央银行只能控制基础货币，而货币学派认为，如果货币乘数和货币流通速度基本稳定，则货币供应量也是可控的。

在传统金融环境中，中央银行能够对货币乘数施加影响，例如对存款准备金率的调整会影响货币乘数。然而，影子银行及金融创新产品的出现，使货币乘数也不再稳定。如图 5－2 所示。自 2011 年货币乘数触底以来又逐渐走高，一般认为货币乘数的上升主要由于商业银行较宽松的信贷政策，但从新增人民币贷款来看，直到 2016 年贷款金额才超过 2009 年为应对危机所实行宽松货币政策时的贷款额（见图 5－3），同时，外汇占款

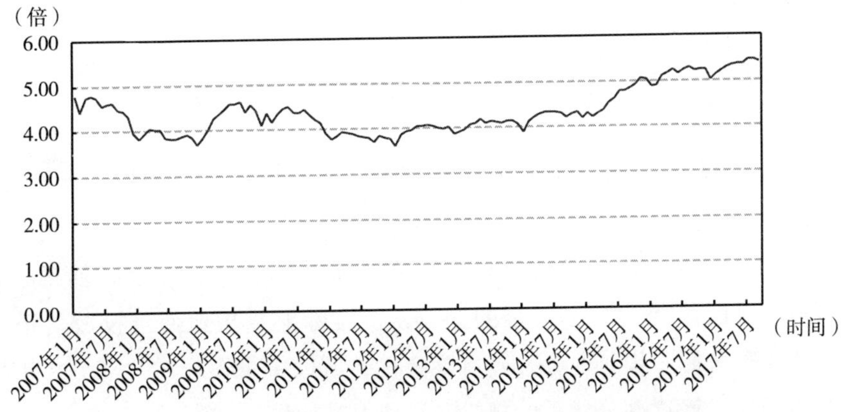

图 5－2　货币乘数走势（2007 年 1 月至 2017 年 7 月）

资料来源：Wind 数据库。

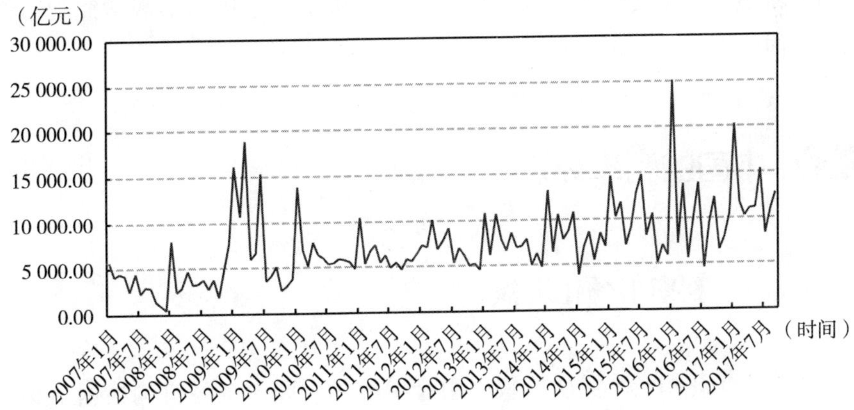

图 5－3　新增人民币贷款金额（2007 年 1 月至 2017 年 7 月）

资料来源：Wind 数据库。

这一基础货币投放的重要渠道在2014年以后也基本保持稳定甚至有下降趋势（见图5－4）。据此可以推断，包括影子银行业务在内的金融创新产品加大了货币乘数，降低了货币供应量作为货币政策中介目标的可控性。

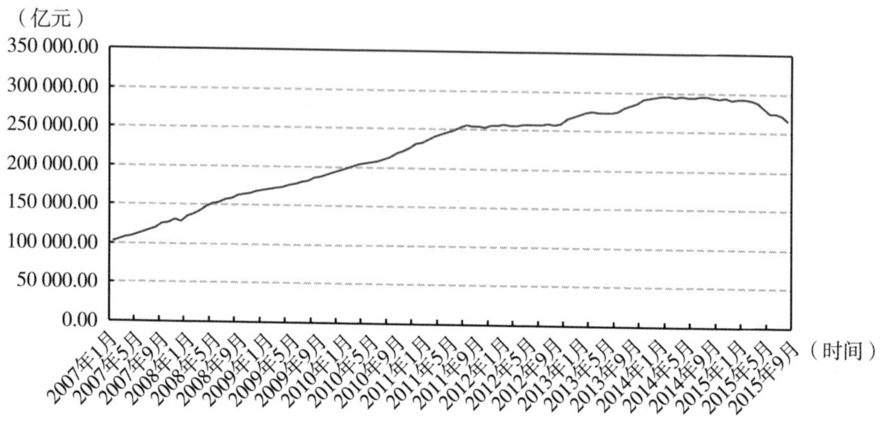

图5－4　外汇占款余额走势（2007年1月至2015年9月）

资料来源：Wind数据库。

金融创新使货币供应量难以控制。影子银行业务等一些金融创新产品在吸收资金时不受存款准备金的约束，这实际上变相地使可投放货币增加，由于部分影子银行业务又具有隐蔽性，所以中央银行对这部分货币投放难以控制，而这部分货币的规模又呈现上升趋势。

由此可见，金融创新不但使中央银行很难对货币乘数施加影响，而且金融创新还增加了货币供给的主体，这两大决定货币供给的因素使货币供应量的内生性增强，可控性减弱。

5.2 中国的利率环境

5.2.1 利率市场化进程

利率市场化指利率的决定权交由金融机构，即由金融机构根据市场的供求来调节利率水平，国家不再对利率实行管制。中央银行可以通过再贷款、再贴现、公开市场业务等货币政策工具间接调控货币市场的资金供求情况，从而间接调节市场利率，进而影响商业银行的存贷款利率。

20世纪70年代以来，利率管制的弊端已经愈加显现，所以到了80年代，很多国家都在积极倡导利率市场化改革。利率市场化改革是金融市场化改革的关键，在推进利率市场化的过程中蕴含着很大的风险。由于放开了利率管制，商业银行可能会为了争夺客户资源而不断上调存款利率，这将加大银行的经营风险。我国利率市场化改革是在借鉴其他国家改革经验的基础上稳步推进的。总体的改革思路是先进行货币市场和债券市场的利率市场化改革，然后进行存贷款利率市场化改革（见表5－1）。

表5－1　利率市场化进程一览

年份	利率市场化改革进程
1993	确立了利率市场化改革的基本设想
1996	放开银行间同业拆借利率——突破口
1997	放开银行间债券回购利率
1998	国开行在银行间债券市场第一次进行了市场化发债；放开贴现和转贴现利率。中国人民银行对贴现利率的形成机制进行了改革
1999	对存款利率改革进行尝试；国债招标也采用市场化形式
2000	外币贷款利率放开，同时取消了对300万美元以上的大额外币存款利率的管制
2002	对中资、外资金融机构外币利率管理政策进行了统一
2003	取消了部分外币小额存款利率的管制。商业银行可以根据全球金融市场的资金供求状况和利率的变化情况在已有的存款利率上限的范围内自行决定利率的浮动范围
2004	完全放开对金融机构人民币贷款利率的上限和存款利率下限
2006	对商业性个人住房贷款利率的浮动范围进行调整，将浮动范围扩大至基准利率的0.85倍
2012	对存款利率浮动区间和贷款利率浮动下限都进行了相应调整，扩大存款利率浮动区间，将浮动区间调整为基准利率的1.1倍。同时，调整贷款利率的浮动区间下限，将浮动幅度的下限调整为基准利率的0.7倍
2013	对金融机构贷款利率不再设下限。全面放开金融机构贷款利率管制，贷款利率由金融机构自主确定，同时取消了票据贴现的利率管制，由金融机构自主确定
2014	扩大存款利率浮动区间上限为基准利率的1.2倍
2015	多次调整存款利率浮动上限；取消了商业银行和农村合作金融机构等存款利率浮动上限

资料来源：作者根据相关资料整理。

1. 银行间同业拆借利率

中国利率市场化改革的突破口是银行间同业拆借利率的放开。1996 年 6 月 1 日，银行间同业拆借利率实行了市场化，由拆借双方自主决定。这一举措为以后的利率市场化改革打下了良好的基础。

2. 债券市场利率

我国利率市场化推进过程中非常重要的一环是对债券市场利率的放开。1997 年 6 月 5 日，放开银行间债券回购利率和现券交易价格，为下一步银行间市场国债和政策性金融债发行的利率市场化创造了条件。政策性银行金融债券自 1998 年开始就已经具备了成熟的市场化发行条件。1998 年8 月，国家开发银行首次以公开招标的方式，通过中国人民银行债券发行系统发行了金融债券。1999 年，国债也通过银行间债券市场以利率招标的方式发行。

3. 境内外币利率

2000 年 9 月 21 日，放开了外币贷款利率管制，外币贷款利率由金融机构根据国际金融市场利率情况自行确定，同时放开 300 万美元（含 300 万美元）以上美元的大额外币存款利率。2002 年 3 月，中国人民银行对中资、外资金融机构外币利率管理政策进行了统一。2003 年 7 月，取消对境内加拿大元、英镑、瑞士法郎的小额存款利率的管制。2003 年 11 月，对小额外币存款利率不设下限。商业银行在不超过存款利率上限的前提下自行决定小额外币存款利率。2004 年 11 月，对 1 年期以上小额外币存款利率取消管制，商业银行获得对外币利率决定的更大自主权。

4. 贷款利率

1987 年 1 月，中国人民银行尝试对贷款利率率先进行市场化改革，出台了一份《关于下放贷款利率浮动权的通知》，规定贷款利率有最高 20% 的浮动幅度。国家为降低企业的利息负担，在 1996 年 5 月，将贷款利率的上浮幅度调整到 10%，这一浮动范围只针对流动资金的贷款。1998 年

10 月 31 日、1999 年 4 月 1 日、1999 年 9 月 1 日，商业银行贷款利率浮动幅度经历了几次调整，最终商业银行对中小企业贷款利率的上限进行了调整，调整后上浮的最高幅度扩大至 30%，对大型企业贷款利率的上浮幅度保持不变，下浮调整为幅度为 10%。2004 年 1 月 1 日，中国人民银行调整金融机构贷款利率浮动下限，浮动幅度下限调整为贷款基准利率的 0.9 倍；调整商业银行和城市信用社贷款利率浮动上限，浮动幅度调整为贷款基准利率的 1.7 倍；调整农村信用社贷款利率浮动上限，浮动幅度上限调整为贷款基准利率的 2 倍。同时，贷款利率浮动幅度不再因为大中小型企业规模不同而区别对待。2004 年 10 月 29 日，完全放开人民币贷款利率上限。2006 年，中国人民银行对商业性个人住房贷款利率的浮动范围进行了调整，将浮动范围扩大至基准利率的 0.85 倍。2012 年，对存款利率浮动区间和贷款利率浮动下限都进行了相应调整。2013 年 7 月 20 日，取消金融机构贷款利率下限，对金融机构贷款利率的管制全面放开。

5. 存款利率

2004 年 10 月 29 日，中国人民银行完全放开了金融机构人民币存款利率下限。金融机构对存款利率可以在各档次存款基准利率允许的范围内浮动，但对存款利率有上限限制；2014 年 11 月 22 日，对存款利率浮动区间上限进行了调整，扩大为基准利率的 1.2 倍；2015 年 3 月 1 日，扩大为基准利率的 1.3 倍；2015 年 5 月 11 日，又进一步调整为 1.5 倍。2015 年 8 月 26 日，一年期以下的定期存款和活期存款的利率浮动上限保持 1.5 倍不变，一年期以上不包括一年期的定期存款利率浮动上限完全放开；2015 年 10 月 24 日，完全放开商业银行、农村合作金融机构等存款利率浮动上限。

5.2.2　利率的可控性分析

2015 年 10 月 24 日，中国人民银行对商业银行、农村合作金融机构等存款利率浮动区间上限完全放开，至此，中国存贷款利率的上下限都已经放开，但中国的利率市场化仍未完全实现。2017 年 3 月 24 日，国家金融与发展实验室理事长李扬在博鳌亚洲论坛 2017 年年会上回答记者提问时指出，利率市场化的真正实现主要体现在三个方面。第一，由市场来决定资金的供求关系，同时市场决定利率的风险和期限结构。由于储蓄和投资也会决定利率水平，而根据中国储蓄长期大于投资的实际情况来看，中国应该表现为负利率，或者说低于当前利率水平的利率，说明中国资本市场资金供求是受到一定程度管制的。只有真正实现资金的供求决定利率，才能形成均衡的市场化利率。第二，形成真正的基准利率。基准利率是与其他利率有着联动关系的利率，而中国的实际情况是没有哪一个利率能真正起到基准利率的作用，利率产品处于分割状态。所谓的基准利率发生变动，其他的利率不一定发生变动。第三，要形成市场化的调控手段。在我国，由央行宣布调整存贷款基准利率，然后其他金融机构按照调整后的基准利率进行会计账目的调整，是一种再分配的手段。而真正的利率市场化调控手段是美联储对联邦基金利率的调控方式，先确定一个目标区间，再用买卖国债的方式将利率水平调整到目标区间，运用市场化的手段对利率水平进行调控。所以，中国的利率市场化改革还没有真正完成。由图 5－5 可以看出，从 2007～2017 年的数据看，存贷款基准利率变化幅度和走势基本一致，大体上保持着相同的利差水平，这在一定程度上也印证了基准利率存在一定的行政管控。

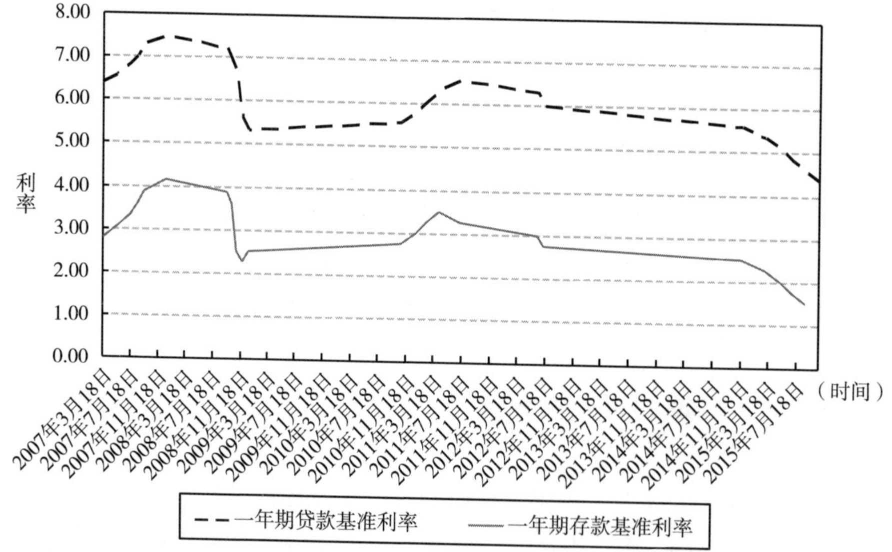

图 5－5　一年期存贷款基准利率（2007 年 3 月 18 日至 2015 年 7 月 18 日）

资料来源：Wind 数据库。

在凯恩斯的理论中，市场化的利率是由货币供给和货币需求共同决定的，是内生的。图5－6和图5－7分别是2007～2017年银行间同业拆借加权利率和银行间债券回购利率的走势图。从两张图的对比上来看，两种利率的变化幅度和走势基本一致。这两种利率是较早放开的利率，在研究中尤其是银行间同业拆借利率常常被学者用来作为市场化利率进行应用。市场化的利率也不是不可控的，虽然其利率水平不能由中央银行行政调控，但其运行机制会受到货币政策工具的影响，利率作为货币政策的中介目标，必然与货币政策工具存在相关性，中央银行可以通过市场化手段对利率进行间接调控。所以说，虽然利率市场化使其内生性增强，但在一定程度上仍然是可以控制的。从我国目前基准利率与市场利率的表现来看，二者的联动性并不高。

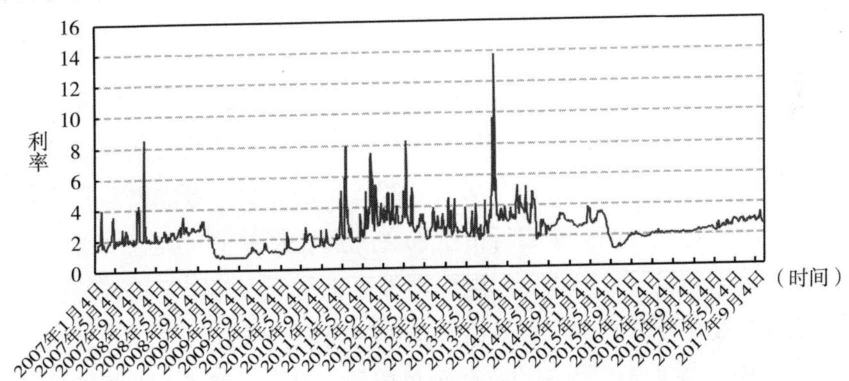

图5－6 银行间同业拆借加权利率（1天）

资料来源：Wind数据库。

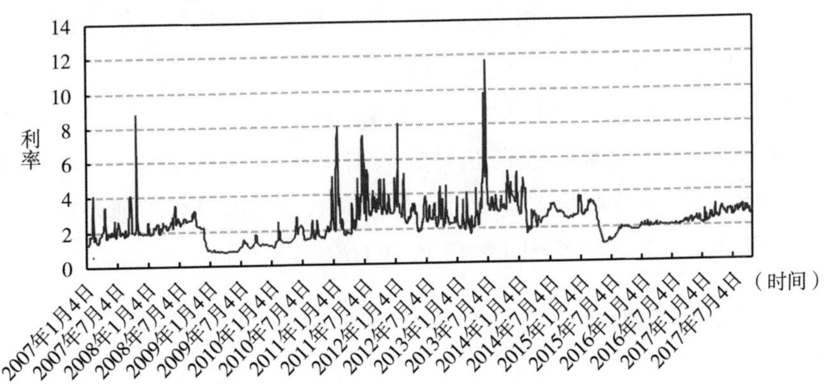

图5－7 银行间债券回购利率（质押式回购加权利率）（1天）

资料来源：Wind数据库。

所以，目前的情况是利率市场化改革使得央行行政化调控利率的效用减弱，利率内生性增强，从这一角度来看，利率可控性降低；而由我国利率市场化改革的实际，即基准利率与市场利率的表现，由央行调控基准利率进而影响市场利率的机制并没有完全建立，所以利率的可控性仍然仅表现为减弱而不是丧失。

5.3 影子银行对货币供应量影响的实证分析

5.3.1 变量的选取与平稳性检验

1. 变量的选择

基于理论分析，针对2007年1月至2017年8月的月度数据进行实证分析，检验影子银行对货币供应量的影响。考虑到数据的可获得性及后续对影子银行数据的处理，采用李从文（2015）的方法，考虑内部影子银行和外部影子银行。外部影子银行由全社会融资规模总量与其各个组成部分之和的差值来衡量，主要指民间融资类影子银行；内部影子银行规模选取信托贷款与委托贷款之和。影子银行整体规模由内外部影子银行规模之和构成，用SHB来表示。由于广义货币供应量一直是我国货币政策重要的中介指标，所以货币供应量指标选取广义货币供应量M2。由于外汇占款一直是影响货币供应量的重要指标，所以在研究中选取外汇占款（用外汇储备量表示）为控制变量，用FE表示。

本节数据来源于Wind数据库和中经网统计数据库。研究过程中将各变量数据进行价格调整。为防止月度数据受季节因素的影响，所以采用X-12方法进行季节调整。对三个变量取对数并作差分，近似处理成增长率，分别表示为DLN*SHB*、DLN*M*2和DLN*FE*。

2. 平稳性检验

为避免伪回归，需要对各个变量进行平稳性检验。对影子银行规模变量DLN*SHB*、货币供应量指标DLN*M*2、外汇占款指标DLN*FE*的平稳性检验，结果如表5－2所示。

表5－2　　各个相关变量平稳性检验（ADF检验）

变量	检验类型（*c*、*t*、*k*）	*t*值	临界值	结果
DLN*SHB*	（*c*、0、1）	－17.18529	－2.583444 ***	*I*（0）
DLN*M*2	（*c*、0、1）	－5.293859	－3.483312 ***	*I*（0）
DLN*FE*	（0、0、2）	－3.149839	－2.583744 ***	*I*（0）

注：*** 表示在1%的显著性水平上拒绝或者接受原假设。

根据平稳性检验结果，所有变量均拒绝有单位根的假设，即所有变量都是平稳序列。

3. 协整关系检验

对各变量的一阶差分DLN*SHB*、DLN*M*2和DLN*FE*进行基于VAR模型的Johansen协整关系检验来分析变量是否具有长期稳定关系。由于AIC和SC准则无法同时取最小值来确认最优滞后期，所以根据LR准则，确定变量的最优滞后期为2。协整结果如表5－3所示，最终结果表明变量间存在长期协整关系。

表5－3　　协整检验结果

假设协整关系的个数	特征根	无约束协整秩检验（迹）			无约束协整秩检验（最大特征根）		
		迹统计量	5%临界值	概率	最大特征根统计量	5%临界值	概率
None *	0.470988	99.14653	15.49471	0.0001	78.95633	14.26460	0.0000
At most 1 *	0.150259	20.19020	3.841466	0.0000	20.19020	3.841466	0.0000

4. 格兰杰因果关系检验

检验DLN*SHB*、DLN*M*2之间的格兰杰因果关系，结果如表5－4所示。结果表明：影子银行增长率变动是货币供给量增长率变动的格兰杰原因；货币供给量增长率变动不是影子银行增长率变动的格兰杰原因。影子银行规模变化会影响银行体系的信用创造，进而影响货币乘数，使货币供给量发生变化。

表 5-4 格兰杰因果检验结果

原假设	F 统计量	伴随概率（P）	结果
DLNSHB 不是 DLNM2 的格兰杰原因	2.60154	0.0783	拒绝
DLNM2 不是 DLNSHB 的格兰杰原因	0.71718	0.4902	接受

5.3.2 模型的构建与实证分析

1. 模型的选择

向量自回归模型（VAR）能够预测时间序列系统的相互联系，解释各种经济冲击对经济变量形成的影响。本节分析影子银行对货币供给量的影响，主要考察两者之间的相互关系，采用 VAR 模型能够充分分析经济变量之间的动态关系。由于已经确定了最优滞后阶数为 2，所以下面选择 VAR（2）进行分析。构建的模型如下：

$$y_t = C + \Phi_1 y_{t-1} + \Phi_2 y_{t-2} + Zm_t + \varepsilon_t$$

其中，C 为常数项向量，Φ 为滞后变量系数矩阵，Z 为控制变量系数矩阵，m 为控制变量向量。进一步检验模型的平稳性，如下图 5-8 所示，VAR 模型所有根模的倒数都小于 1，也就是说，都在单位圆内，所以模型是平稳的。从而可以进行进一步分析，保证分析的可行性与可靠性。

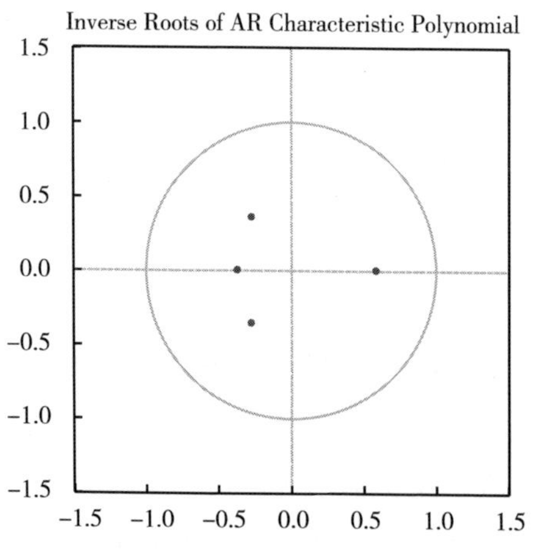

图 5-8 AR 根检验

将 DLNM2、DLNSHB 作为内生变量，DLNFE 作为控制变量，其他因素作为随机扰动项，建立 VAR 模型，分析各变量之间的关系。结果如下：

$$\begin{bmatrix} DLNM2_t \\ DLNSHB_t \end{bmatrix} = \begin{bmatrix} 0.005 \\ -0.092 \end{bmatrix} + \begin{bmatrix} 0.153 & 0.001 \\ 1.964 & -0.481 \end{bmatrix} \begin{bmatrix} DLNM2_{t-1} \\ DLNSHB_{t-1} \end{bmatrix} + \begin{bmatrix} 0.26 & -0.002 \\ 6.163 & -0.204 \end{bmatrix} \begin{bmatrix} DLNM2_{t-2} \\ DLNSHB_{t-2} \end{bmatrix} + \begin{bmatrix} 0.1 \\ 5.813 \end{bmatrix} DLNFE + \begin{bmatrix} e_{1t} \\ e_{2t} \end{bmatrix} \tag{5.1}$$

由所得到的方程（5.1）中可以看出，滞后 1 期影子银行增长率对当期货币供给量增长率具有正向影响，即滞后 1 期影子银行增长率上升 1%，当期货币供给量增长率上升 0.001%；滞后 2 期影子银行增长率对当期货币供给量增长率具有负向影响，即滞后 2 期影子银行增长率上升 1%，当期货币供给量增长率下降 0.002%。

2. 脉冲响应函数

由于所考虑的重点是影子银行对货币供给量的影响，外汇占款仅为控制变量，所以这里只列出影子银行对货币供应量的脉冲响应函数。

图 5-9 表示一个标准差的影子银行增长率变动的冲击对货币供给量增长率变动的影响。由图 5-9 可以看出，影子银行增长率的变动对货币供给量增长率变动最初具有正向作用，在第 2 期正向作用达到最大，随后逐渐减弱，在第 3 期变为负向作用，经过震荡后逐渐减弱直至消失。说明影子银行规模的快速增加最初会使货币供应量增长率提高，第 2 期之后对货币供给量的增长起到抑制作用，这种负向作用的强度先增大后减小，期间表现为短暂的正向作用，最后冲击作用基本消失。

3. 方差分解

表 5-5 是对货币供给量增长率变动的方差分解。从表 5-5 中可以看出，影子银行增长对货币供给量增长的贡献度呈上升趋势，在第 5 期之后基本达到稳定，在 3.23% 左右。也就是说，影子银行对货币供给量的作用效果完全发挥是在第 5 期，由于未考虑当期，所以动态反应的持久性在 1~5 期。

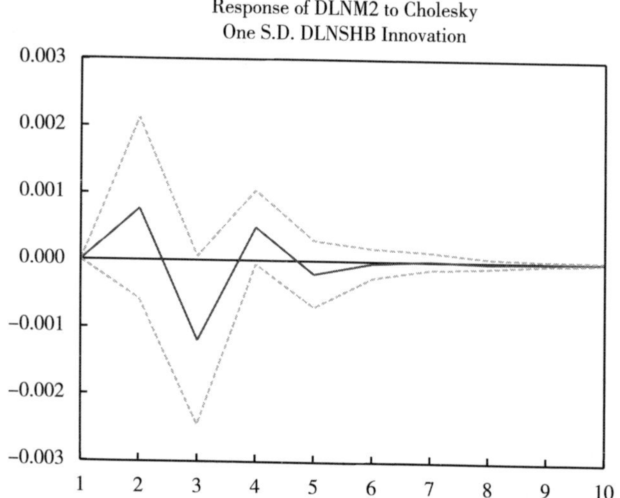

图 5-9 影子银行增长率变动引起货币供给量增长率变动的响应函数

表 5-5 对 DLNM2 的方差分解

Period	S. E.	DLN$M2$	DLNSHB
1	0. 007820	100. 0000	0. 000000
2	0. 007927	99. 06048	0. 939518
3	0. 008389	97. 11948	2. 880519
4	0. 008424	96. 79855	3. 201452
5	0. 008451	96. 76429	3. 235707
6	0. 008457	96. 76748	3. 232524
7	0. 008459	96. 76886	3. 231142
8	0. 008460	96. 76897	3. 231031
9	0. 008460	96. 76912	3. 230880
10	0. 008460	96. 76918	3. 230822

5.3.3 实证结论

影子银行增长率的变动对货币供给量增长率最初具有正向作用，也就是说，影子银行增长率的提高会促进货币供给量增长率的上升，即影子银行的快速发展增加了货币供给量。经过短期对货币供给量增长率的促进之后，金融市场中的流动性增多，企业较容易获得资金，而影子银行的资金成本较高，这使其信贷功能有所下降，货币供给量增长率有所下降，也就是说，第2期后，影子银行规模增长率提高会抑制货币供给量增长率的上升。总的来说，影子银行的扩张在初期对货币供给量有正向作用，后期会表现出负向作用。

5.4 影子银行对利率影响的实证分析

5.4.1　变量的选取与平稳性检验

基于第三章对利率和产出的作用机理分析，影子银行最终导致产出增加，但对利率的影响不确定，取决于LM曲线和CL曲线移动幅度的大小，需要进一步实证分析确定。

1. 变量的选择

下面同样选取2007年1月至2017年8月的月度数据进行实证分析，检验影子银行对利率的影响。影子银行规模用SHB来表示；利率选取上海银行间同业拆借利率（Shibor）。Shibor是人民银行着力培育的市场基准利率，2007年1月4日，这个由全国银行间同业拆借中心发布的“上海银行间同业拆放利率”正式运行。目前，已经有部分金融产品定价在金融机构市场成员交易层面以Shibor为定价和交易基准，而且这种定价类型的金融产品将越来越多，可以预见，未来银行的存贷款利率定价也会与Shibor紧密相关。所以此处选用Shibor月利率作为利率指标的代理变量，用R来表示，由于该利率是每天公布，所以运用算术平均方法得出了月度值；加入货币供应量指标$M2$作为控制变量[①]。

本节数据来源于Wind数据库和中经网统计数据库。为了消除价格上

① 根据前面的格兰杰因果检验结果，$M2$不会引起影子银行的变化，而对利率有重要影响，所以此处选择$M2$作为控制变量是合适的。

涨的影响，对各变量根据定基 CPI 进行调整。为防止月度数据受季节因素的影响，所以对相关的月度数据采用 X－12 方法进行季节调整。对所有变量取自然对数并作差分处理，近似处理成增长率。

2. 平稳性检验

为避免伪回归，需要对各个变量进行平稳性检验。通过对影子银行规模变量 DLN*SHB*、利率 DLN*R*、货币供应量指标 DLN*M*2 的平稳性检验，结果如表 5－6 所示。根据平稳性检验结果，所有变量均拒绝有单位根的假设，即所有变量都是平稳序列。

表 5－6　各个相关变量平稳性检验（ADF 检验）

变量	检验类型（c、t、k）	t 值	临界值	结果
DLN*SHB*	（c、0、1）	－17.18529	－2.583444***	I（0）
DLN*M*2	（c、0、1）	－5.293859	－3.483312***	I（0）
DLN*R*	（0、0、0）	－10.74542	－3.482879***	I（0）

注：*** 表示在 1% 的显著性水平上拒绝或者接受原假设。

3. 协整关系检验

对各变量的一阶差分 DLN*SHB*、DLN*R*、DLN*M*2 进行基于 VAR 模型的 Johansen 协整关系检验，进而分析变量是否具有长期稳定关系。由 AIC 和 LR 准则来确认最优滞后期为 3。协整结果如表 5－7 所示，最终结果表明变量间存在长期协整关系。

表 5－7　协整检验结果

假设协整关系的个数	特征根	无约束协整秩检验（迹）			无约束协整秩检验（最大特征根）		
		迹统计量	5% 临界值	概率	最大特征根统计量	5% 临界值	概率
None *	0.351389	85.51399	15.49471	0.0000	53.24944	14.26460	0.0000
At most 1 *	0.230730	32.26455	3.841466	0.0000	32.26455	3.841466	0.0000

4. 格兰杰因果关系检验

检验 DLN*SHB*、DLN*R* 之间的因果关系，结果如表 5－8 所示。从检验结果来看，影子银行规模增长率是利率增长率的格兰杰原因，利率增长率也是影子银行规模增长率的格兰杰原因，影子银行规模变动与利率变动互为因果关系。

表5－8　格兰杰因果检验结果

原假设	F统计量	伴随概率（P）	结果
DLN*SHB* 不是 DLN*R* 的格兰杰原因	5.82644	0.0010	拒绝
DLN*R* 不是 DLN*SHB* 的格兰杰原因	3.35791	0.0213	拒绝

5.4.2　模型的构建与实证分析

1. 模型的选择

本节影子银行与利率的关系仍然采用向量自回归模型（VAR）。由于最优的滞后阶数为3，所以选择VAR（3）进行分析。

构建的模型如下：

$$y_t = C + \Phi_1 y_{t-1} + \Phi_2 y_{t-2} + \Phi_3 y_{t-3} + Zm_t + \varepsilon_t \tag{5.2}$$

进一步检验模型的平稳性，如图5－10所示。VAR模型所有根模的倒数都小于1，都在单位圆内，所以模型是平稳的。

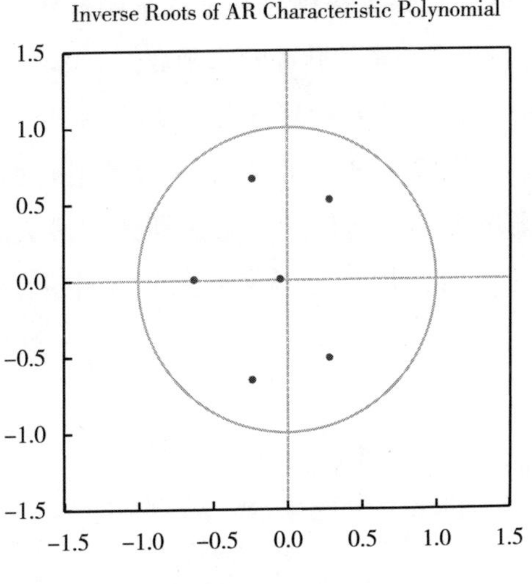

图5－10　AR根检验

将 DLN*SHB*、DLN*R* 作为内生变量，DLN*M*2 作为控制变量，其他因素作为随机扰动项，建立 VAR 模型，分析各变量之间的关系。结果如下：

$$\begin{bmatrix} DLNR_t \\ DLNSHB_t \end{bmatrix} = \begin{bmatrix} 0.031 \\ 0.143 \end{bmatrix} + \begin{bmatrix} -0.027 & 0.042 \\ 0.413 & -0.520 \end{bmatrix} \begin{bmatrix} DLNR_{t-1} \\ DLNSHB_{t-1} \end{bmatrix}$$
$$+ \begin{bmatrix} -0.197 & 0.068 \\ -1.277 & -0.326 \end{bmatrix} \begin{bmatrix} DLNR_{t-2} \\ DLNSHB_{t-2} \end{bmatrix}$$
$$+ \begin{bmatrix} 0.074 & 0.058 \\ -0.322 & -0.193 \end{bmatrix} \begin{bmatrix} DLNR_{t-3} \\ DLNSHB_{t-3} \end{bmatrix}$$
$$+ \begin{bmatrix} -3.499 \\ -12.460 \end{bmatrix} [DLNM2] + \begin{bmatrix} e_{1t} \\ e_{2t} \end{bmatrix} \tag{5.3}$$

由所得的方程（5.3）可以看出，滞后 1 期、2 期、3 期影子银行增长率均对当期利率增长率有正向影响。滞后 2 期的影响最大，即滞后 2 期影子银行增长率上升 1%，当期利率增长率上升 0.068%[①]。虽然理论分析中影子银行对利率的影响难以确定，但在该样本区间影子银行对利率表现为正向影响。

2. 脉冲响应函数

由于所考虑的重点是影子银行对利率的影响，M2 仅为控制变量，所以这里只列出影子银行对利率的脉冲响应函数。

图 5 - 11 表示一个标准差的影子银行增长率变动的冲击与利率增长率变动的影响。由图 5 - 11 可以看出，影子银行的变动对利率变动开始就表现为逐渐增强的正向作用，第 3 期达到最大，随后逐渐下降，第 5 期达到最大的负向作用，随后又变为正向作用，第 8 期之后作用逐渐消失。

---

① 由第三章利率传导渠道的理论分析可知，在紧缩的货币政策下，由于影子银行的存在使原本由 i1 上升至 i2 的利率又下降至 i3；但总体来看，经济中的利率水平仍然是上升的，在紧缩的货币政策下影子银行的规模也是上升的，所以两者正相关。在扩张的货币政策下，利率由 i1 下降至 i2，由于影子银行的存在，使利率由 i2 进一步下降至 i3，在扩张的货币政策下影子银行的规模也是收缩的，所以两者正相关。

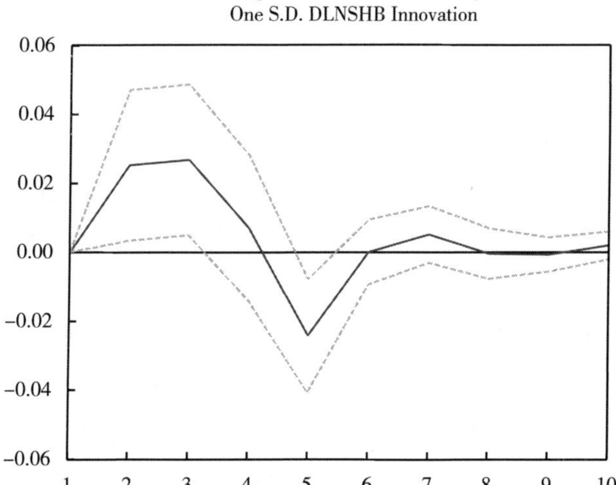

图5-11　影子银行变动引起利率变动的响应函数

3. 方差分解

表5-9是对利率变动的方差分解。从表5-9中可以看出，影子银行增长率变动对利率增长率变动的贡献度呈上升趋势，而且前5期增速较快。第9期以后贡献度基本保持稳定，在11.78%左右。从方差分解数据可以看出，影子银行对利率具有较大程度的影响。

表5-9　对DLNR的方差分解

Period	S. E.	DLNR	DLNSHB
1	0. 120513	100. 0000	0. 000000
2	0. 123138	95. 79743	4. 202570
3	0. 127554	91. 67824	8. 321764
4	0. 127908	91. 42328	8. 576720
5	0. 130314	88. 27604	11. 72396
6	0. 130575	88. 32282	11. 67718
7	0. 130899	88. 22709	11. 77291
8	0. 130937	88. 23262	11. 76738
9	0. 130987	88. 23860	11. 76140
10	0. 131002	88. 21892	11. 78108

5.4.3 实证结论

影子银行对利率具有很大程度的影响。最初，影子银行增长率的变动对利率增长率的变动有正向作用，这一效果在第 3 期达到最强，也就是说影子银行增长率的提高会促进利率增长率的上升，说明影子银行规模的快速增长初期提升了融资的资金成本，使利率上升；第 3 期后，影子银行增长率的变动对利率增长率变动的正向作用减弱并逐渐显现负向作用，负向作用在第 5 期达到最大，说明影子银行增长率的上升会抑制利率增长率的上升。因为随着利率的上升，金融市场的资金收紧，使很多企业的融资需求得不到满足，只能求助于影子银行进行融资，影子银行信贷功能增强，货币供给量增加，利率的增速放缓。

从货币供给量和利率的脉冲响应的对比分析中可以看出，两者除最初对影子银行增长率的冲击均表现为正向反应外①，大部分时期基本表现为利率增速为正，货币供给量增速则为负。第 3 期货币供给量增长率为最大负值，而利率增长率为最大正值；第 4 ~5 期，货币供给量增长率为正，而利率增长率为负。同时可以看出，影子银行的冲击对利率的影响要大于对货币供给量的影响，这说明影子银行对金融市场上资金成本的影响大于其信用创造的影响。同时，利率的动态反应持久性比货币供给量的动态反应持久性长，说明影子银行对利率的作用时间较长。从方差分解结果来看，影子银行对货币供给量的贡献度远小于对利率的贡献度。所以，总的来说，影子银行对利率的影响大于对货币供给量的影响。

① 影子银行增长率的冲击对货币供给量增长率和利率增长率在初期均具有正向作用，只是代表了影子银行冲击下两者各自的反应，并不能代表两者之间具有正向关系。

第6章

中国影子银行对货币政策效果的影响

6.1 中国物价水平波动的影响因素

6.1.1 指标的选取

随着经济全球化程度的加深和我国市场化程度的深化，我国物价水平的波动不仅反映出国内市场的总需求和总供给的不均衡，同时也反映出国外市场需求对国内供求的影响。国内的经济状况、居民消费情况、货币供求状况、生产成本价格情况等都会影响到物价水平的波动。一般采用CPI对我国物价水平进行衡量。对CPI的影响因素进行分析，要根据宏观经济理论或模型选取相应的衡量指标。本书依据总供给和总需求模型以及数据的可得性，选取十个指标对物价水平波动进行主成分分析和因子分析，从而进一步获得影响物价水平的主要因素。所选取的指标为工业增加值（GY）、贸易差额（MY）、金融机构各项贷款余额（DK）、金融机构各项存款余额（CK）、工业生产者出厂价格指数（PPI）、农业生产资料价格指数（NY）、工业生产者购进价格指数（PPIRM）、商品零售价格指数（RPI）、货币乘数（K）、货币供应量（M2），数据均为当月同比。首先对这些指标进行大致归类，具体因子情况需要进一步分析确定。这些指标中，代表成本因素的指标有工业生产者出厂价格指数（PPI）、农业生产资料价格指数

（NY）、工业生产者购进价格指数（PPIRM）、商品零售价格指数（RPI）；代表货币供求的因素有金融机构各项贷款余额（DK）、金融机构各项存款余额（CK）、货币乘数（K）、货币供应量（M2），其中，金融机构各项贷款余额（DK）可以在一定程度上反应投资需求，金融机构各项存款余额（CK）在一定程度上可以衡量居民消费情况；代表经济发展状况的因素有工业增加值（GY）、贸易差额（MY）。

样本数据时间选取2007年1月至2017年8月，采用主成分分析法基于样本相关矩阵求解，按照碎石图（见图6－1）选取因子数目为3。分析结果基于EViews 6.0得出。

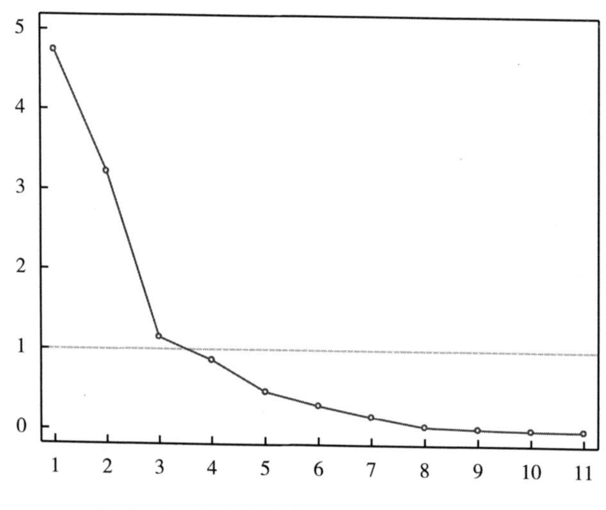

图6－1　影响物价水平的主成分碎石分析

6.1.2　因子分析

采用因子分析方法分析各个因素对物价影响，结果如表6－1、表6－2所示。通过因子分析实现了对变量的降维处理，从表6－1、表6－2中可以看出，代表成本因素的农业生产资料价格指数（NY）、工业生产者出厂价格指数（PPI）、工业生产者购进价格指数（PPIRM）、商品零售价格指数（RPI）在 F_1 上有较高的载荷，所以 F_1 可以称为成本因子；代表货币供求的金融机构各项存款余额（CK）、金融机构各项贷款余额（DK）、货币供应量（M2）和工业增加值（GY）在 F_2 上有较大载荷，所以 F_2 可以称为货币因子；货币乘数（K）和贸易差额（MY）在 F_3 上有较大载荷。

表6-1　影响物价波动的多种因素的因子分析

指标名称	公因子 F_1 上的载荷	公因子 F_2 上的载荷	公因子 F_3 上的载荷	剩余方差
居民消费价格指数（CPI）	0.975083	-0.087725	-0.110391	0.029331
金融机构各项存款余额（CK）	0.011924	0.962936	0.036514	0.071280
金融机构各项贷款余额（DK）	-0.285439	0.929129	-0.003977	0.055228
工业增加值（GY）	0.493162	0.527527	0.105556	0.467363
货币乘数（K）	-0.464772	-0.255728	0.370217	0.581530
货币供应量（M2）	-0.071991	0.985539	-0.040412	0.021897
贸易差额（MY）	0.048617	-0.107005	-0.150041	0.963674
农业生产资料价格指数（NY）	0.868261	-0.010392	-0.074152	0.240517
工业生产者出厂价格指数（PPI）	0.800760	-3.41E-16	0.598985	0.000000
工业生产者购进价格指数（PPIRM）	0.813180	0.007913	0.571254	0.012345
商品零售价格指数（RPI）	1.000000	0.000000	0.000000	0.000000
贡献率（%）	53.24	36.52	10.24	
累计贡献率（%）	53.24	89.76	1	

表6-2　影响物价波动的多种因素的因子分析旋转后结果

指标名称	公因子 $\tilde{F}_1$ 上的载荷	公因子 $\tilde{F}_2$ 上的载荷	公因子 $\tilde{F}_3$ 上的载荷
居民消费价格指数（CPI）	0.729557	-0.130577	0.649127
金融机构各项存款余额（CK）	0.045764	0.962322	0.023711
金融机构各项贷款余额（DK）	-0.220599	0.939401	-0.116759
工业增加值（GY）	0.471285	0.510036	0.224477
货币乘数（K）	-0.168441	-0.225239	-0.582551
货币供应量（M2）	-0.066833	0.985959	0.038990
贸易差额（MY）	-0.048907	-0.113415	0.145159
农业生产资料价格指数（NY）	0.664662	-0.047900	0.561617
工业生产者出厂价格指数（PPI）	0.999578	-0.014263	-0.025305
工业生产者购进价格指数（PPIRM）	0.993767	-0.007709	0.004847
商品零售价格指数（RPI）	0.815147	-0.040612	0.577829

本节主要考察物价水平波动的影响因素，CPI 在公因子 F_1 上的载荷为

0.72，载荷值最大，说明代表成本的因子对 CPI 的影响最大，对 CPI 变化的解释能力最强，也就是说，在样本区间内物价水平的波动受成本变化的影响最大。

通过进一步计算因子得分序列，可以考察物价波动的各公因子的波动特征。各公因子得分对应的系数矩阵和得分序列图如表 6－3 和图 6－2、图 6－3 所示。由图 6－2、图 6－3 可以看出，公因子 $\tilde{F}_1$ 与 CPI 的波动非常相似，即在物价的上升期成本因子具有较高的得分；在物价下降时期，成本因子的得分也呈现下降趋势。

表 6－3　　因子得分对应的系数矩阵

指标名称	$\tilde{F}_1$	$\tilde{F}_2$	$\tilde{F}_3$
居民消费价格指数（CPI）	－0.000617	－0.039836	－0.001929
金融机构各项存款余额（CK）	0.002788	0.179931	0.008713
金融机构各项贷款余额（DK）	0.003472	0.224073	0.010851
工业增加值（GY）	0.000233	0.015034	0.000728
货币乘数（K）	－9.08E－05	－0.005857	－0.000284
货币供应量（M2）	0.009288	0.599450	0.029029
贸易差额（MY）	－2.29E－05	－0.001479	－7.16E－05
农业生产资料价格指数（NY）	－8.92E－06	－0.000575	－2.79E－05
工业生产者出厂价格指数（PPI）	0.966963	0.066896	－1.359399
工业生产者购进价格指数（PPIRM）	0.000132	0.008538	0.000413
商品零售价格指数（RPI）	0.042814	0.033125	1.672546

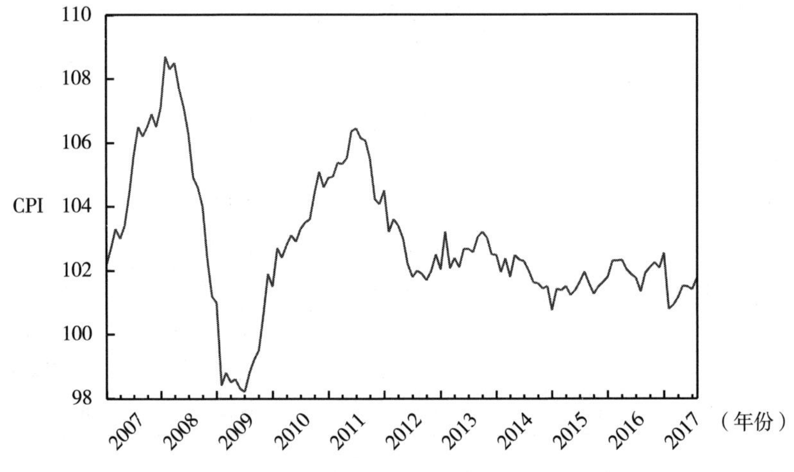

图 6－2　CPI 当月同比走势（2007～2017 年）

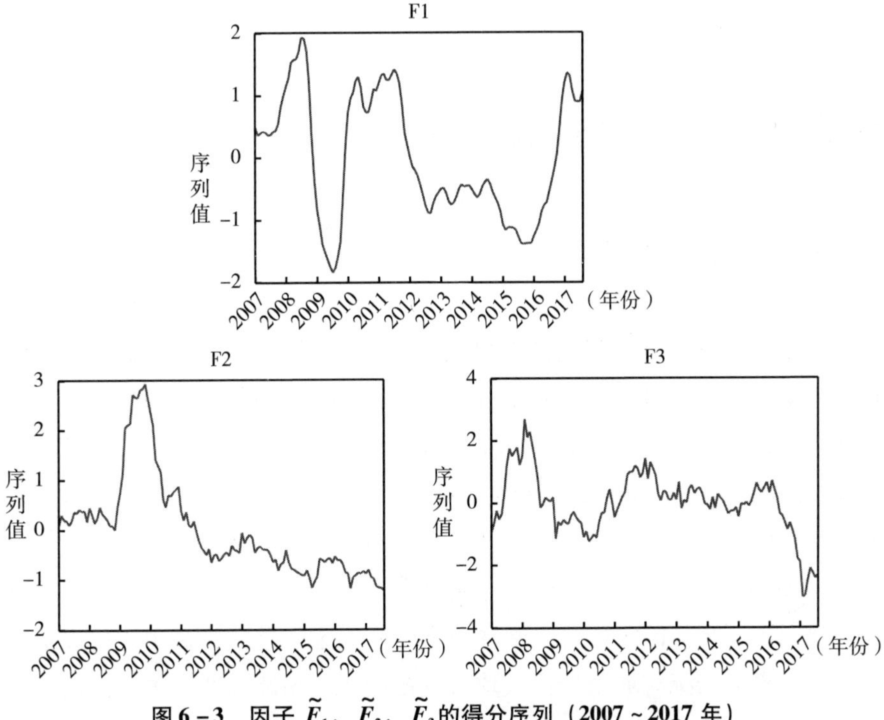

图6-3　因子 $\tilde{F}_1$、$\tilde{F}_2$、$\tilde{F}_3$的得分序列（2007~2017年）

三个因子所对应的多元相关系数分别为0.999998、0.993327和0.999984，数值接近于1，结果较好。最小的相关系数分别为0.999994、0.973396和0.999938，数值比较大，说明不同的得分集合将会产生相似的结果。三个因子的有效系数分别为0.999998、0.993327和0.999984，都大于0.8，结果比较理想。

6.1.3　实证结论

本节主要考察物价水平波动的影响因素，通过选取指标并进行因子分析，将影响物价水平的因素归纳为三大类：第一类为成本因素，代表成本对物价水平的影响程度；第二类是货币供求因素，代表由货币的供给和需求影响物价水平的程度；第三类包括货币乘数和贸易差额，贸易差额的载荷在这一类中最大，所以这一类影响因素简单称之为国外需求。从实证分析的结果来看，在公因子 F_1 上的载荷值最大，说明代表成本的因子对CPI的影响最大，对CPI变化的解释能力最强，也就是说，在样本区间内物价水平的波动受成本变化的影响最大。

6.2 中国经济增长的影响因素

6.2.1 指标的选取

依据国民收入决定理论及总供给与总需求模型，考虑数据的可得性，选取七个指标对GDP的波动进行主成分分析和因子分析，从而进一步获得影响经济增长的主要因素。所选取的指标为城镇居民人均可支配收入（SR）、城镇居民人均消费性支出（XF）、公共财政支出（CZ）、房地产开发投资完成额（FD）、固定资产投资完成额（GD）、新增固定资产投资完成额（NGD）、贸易差额（MYC），数据均为累计同比。首先对这些指标进行大致归类，具体因子情况需要进一步分析确定。这些指标中，代表消费需求的因素的指标有城镇居民人均可支配收入（SR）、城镇居民人均消费性支出（XF）；代表投资的因素有房地产开发投资完成额（FD）、固定资产投资完成额（GD）、新增固定资产投资完成额（NGD）；代表政府需求的公共财政支出（CZ）和代表国外需求的贸易差额（MYC）。

样本选取2007年第4季度至2017年第3季度的数据，采用主成分分析法基于样本相关矩阵求解，按照碎石图（见图6－4）选取因子数目为2。分析结果基于EViews 6.0得出。

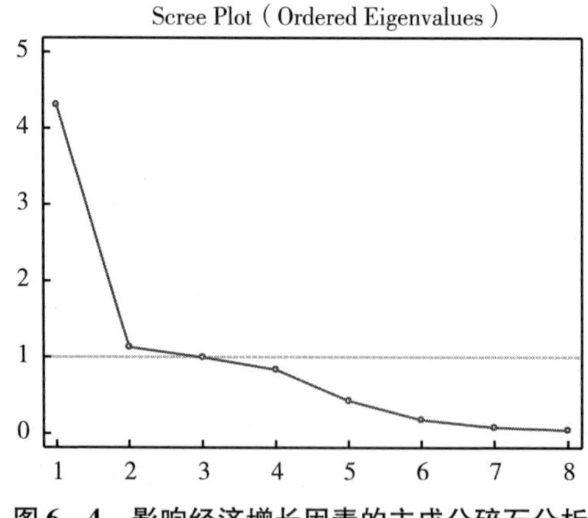

图6－4 影响经济增长因素的主成分碎石分析

6.2.2 因子分析

采用因子分析方法分析各个因素对经济增长的影响，如表6-4、表6-5所示因子分析及旋转结果。通过因子分析实现了对变量的降维处理，从表6-4、表6-5中可以看出，房地产开发投资完成额（FD）、固定资产投资完成额（GD）、新增固定资产投资完成额（NGD）、公共财政支出（CZ）和贸易差额（MYC）在 F_1 上有较高的载荷；城镇居民人均可支配收入（SR）、城镇居民人均消费性支出（XF）在 F_2 上有较大载荷。而旋转后的矩阵代表投资的因素固定资产投资完成额（GD）、新增固定资产投资完成额（NGD）在 F_1 上有较高的载荷，所以 F_1 可以称为投资因子；而城镇居民人均可支配收入（SR）、城镇居民人均消费性支出（XF）、房地产开发投资完成额（FD）、公共财政支出（CZ）、贸易差额（MYC）在 F_2 上有较大载荷，所以 F_2 可以称为消费因子（这里将房地产开发看成消费性需求，将公共财政支出看作政府的消费性支出，将贸易差额看作是国外对国内的消费性需求）。

表6-4　影响经济增长的多种因素的因子分析

指标名称	公因子 F_1 上的载荷	公因子 F_2 上的载荷	剩余方差
国内生产总值（GDP）	0.568888	0.440646	0.482197
城镇居民人均可支配收入（SR）	0.586059	0.766801	0.068550
城镇居民人均消费性支出（XF）	0.580139	0.749330	0.101943
房地产开发投资完成额（FD）	0.660653	0.418773	0.388166
固定资产投资完成额（GD）	1.000000	5.45E-16	0.000000
新增固定资产投资完成额（NGD）	0.793432	-0.276310	0.294118
公共财政支出（CZ）	0.402863	0.347884	0.716678
贸易差额（MYC）	-0.115387	-0.072266	0.981464
贡献率（%）	65.34	34.66	
累计贡献率（%）	65.34	1	

表 6-5　　影响经济增长的多种因素的因子分析旋转后结果

指标名称	公因子 $\tilde{F}_1$上的载荷	公因子 $\tilde{F}_2$上的载荷
国内生产总值（GDP）	0.294001	0.656785
城镇居民人均可支配收入（SR）	0.155399	0.952523
城镇居民人均消费性支出（XF）	0.158413	0.934324
房地产开发投资完成额（FD）	0.385242	0.680751
固定资产投资完成额（GD）	0.881925	0.471389
新增固定资产投资完成额（NGD）	0.829997	0.130331
公共财政支出（CZ）	0.191306	0.496713
贸易差额（MYC）	-0.067697	-0.118125

本节主要考察经济增长的影响因素，GDP 在公因子 F_2 上的载荷为 0.65，载荷值最大，说明代表消费的因子对 GDP 的影响最大，对 GDP 变化的解释能力最强，也就是说，在样本区间内经济增长的波动受消费需求变化的影响最大。

通过进一步计算因子得分序列，可以考察 GDP 波动的各公因子的波动特征。各公因子得分对应的系数矩阵和得分序列图如表 6-6 和图 6-5、图 6-6 所示。由图 6-5、图 6-6 可以看出，公因子 $\tilde{F}_2$与 GDP 的波动非常相似，即在经济处于快速增长阶段，消费因子具有较高的得分；在经济处于下滑时期，消费因子的得分也呈现下降趋势。

表 6-6　　因子得分对应的系数矩阵

指标名称	公因子 $\tilde{F}_1$上的载荷	公因子 $\tilde{F}_2$上的载荷
国内生产总值（GDP）	-0.026309	0.049221
城镇居民人均可支配收入（SR）	-0.322040	0.602506
城镇居民人均消费性支出（XF）	-0.211617	0.395916
房地产开发投资完成额（FD）	-0.031060	0.058110
固定资产投资完成额（GD）	1.213328	-0.148635
新增固定资产投资完成额（NGD）	0.027047	-0.050602
公共财政支出（CZ）	-0.013975	0.026146
贸易差额（MYC）	0.002120	-0.003966

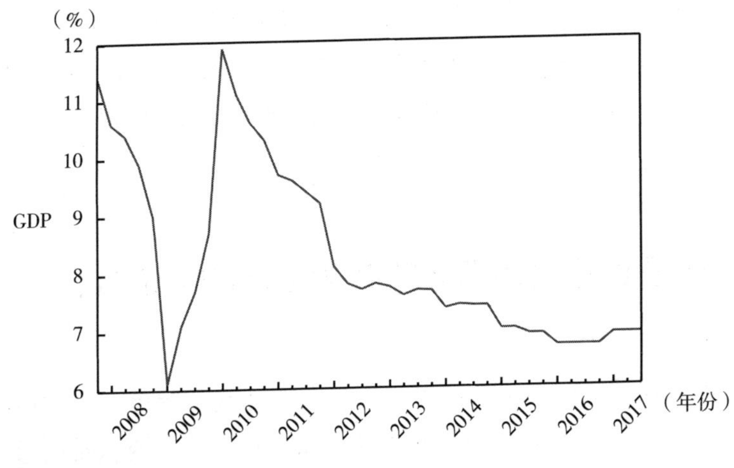

图6-5　GDP累计同比走势

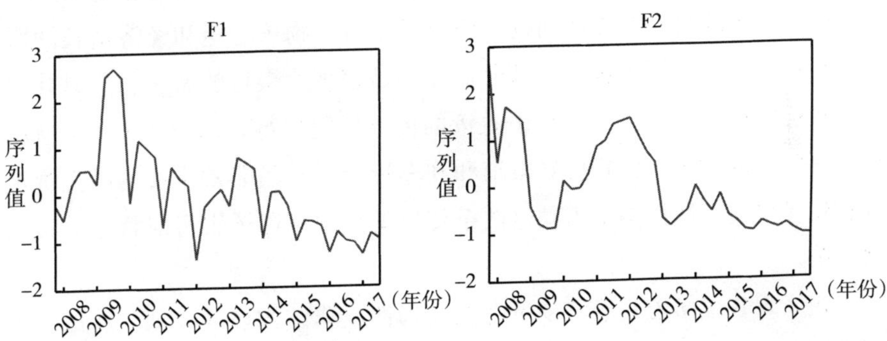

图6-6　因子 $\tilde{F}_1$、$\tilde{F}_2$的得分序列（2008~2017年）

两个因子所对应的多元相关系数分别为0.993191和0.975960，数值接近于1，结果较好。最小的相关系数分别为0.972858和0.904994，数值比较大，说明不同的得分集合将会产生相似的结果。两个因子的有效系数分别为0.993191和0.975960，都大于0.8，结果比较理想。

6.2.3　实证结论

本节主要考察经济增长的影响因素，通过选取指标并进行因子分析，将影响经济增长的因素归纳为两大类：第一类为投资因素，代表投资对经济增长的影响程度；第二类是消费因素，代表消费需求对经济增长的影响程度。从实证分析的结果来看，GDP 在公因子 F_2 上的载荷值最大，说明代表消费的因子对 GDP 的影响最大，对 GDP 变化的解释能力最强，也就是说，在样本区间内经济增长的波动受消费需求变化的影响最大。

6.3 影子银行对货币政策效果影响的实证分析

《中华人民共和国中国人民银行法》规定的我国货币政策的最终目标是保持币值稳定，并以此促进经济增长。就国内经济来说，对内币值的稳定就是指物价的稳定。这里研究的影子银行对货币政策效果的影响实际上也是研究货币政策的有效性问题，即影子银行对物价稳定和经济增长的影响。在我国，由于影子银行大部分业务还是表现为银行的影子，所以其对最终目标的影响势必会通过货币政策的传导机制进行。基于 2.3.5 小节所述的原因，同时由于信贷传导渠道和利率传导渠道是非常重要的两大货币政策传导渠道，所以本节借助这两条传导渠道研究影子银行对货币政策效果影响。

由于现在很多宏观经济变量存在结构性或非结构性的波动，所以一些线性回归模型已经不能很好地解释这些特征，所得的结果会有很大偏差。所以本节采用非线性回归模型——马尔科夫区制转移向量自回归模型（MSVAR）来研究影子银行通过信贷传导渠道和利率传导渠道对经济增长与物价稳定的影响。

6.3.1 变量的选取与检验

1. 变量的选择及统计性描述

影子银行仍采用前文的选取原则，整体影子银行规模由内外部影子银行规模之和构成，用 SHB 来表示。信贷传导渠道选取新增人民币贷款为代理变量，用 LOAN 表示。利率渠道选取上海银行间同业拆放利率 SHIBOR 作为代理变量，用 R 来表示。经济增长用 GDP 来衡量，物价选取 CPI 为代理变量。对CPI进行定基处理，选取2007年1月为100。对影子银行、货币供给量、利率、GDP基于定基CPI进行价格调整，对相关变量进行季节调整，取自然对数并作差分处理，近似处理成增长率。

在考察影子银行对货币政策的效果时，对于物价的代理变量CPI效果的影响选取2007年1月至2017年8月的月度数据，相应的影子银行规模、信贷量、利率也都选取月度数据；由于GDP数据是季度数据，所以对于经济增长的代理变量GDP的影响，选取2007第1季度至2017第3季度的数据进行分析，相应的影子银行规模、信贷量、利率也都选取季度值进行估计。在对物价的效果评价中，根据前文中物价水平影响因素的因子分析结论，选取工业生产者出厂价格指数（PPI）作为控制变量，数据进行定基处理，以2007年1月为100；对经济增长的效果评价中，根据经济增长影响因素的因子分析结论，选用城镇居民人均可支配收入（SR）作为控制变量。对城镇居民人均可支配收入进行价格调整，所有控制变量均进行季节调整、取自然对数并作差分处理。数据来源于Wind数据库和笔者的计算整理。

2. 平稳性检验

在进行MSVAR建模之前，采用ADF方法对各变量进行单位根检验，以保证样本的平稳性。分别对月度数据和季度数据进行平稳性检验，检验结果如表6-7、表6-8所示。通过单位根检验发现，各变量都是平稳序列，这保证了MSVAR方法使用的有效性。

表6-7　各个相关变量月度数据的平稳性检验（ADF检验）

变量	检验类型（c、t、k）	t值	临界值	结果
DLN*SHB*	（c、0、1）	-17.18529	-2.583444***	I（0）
DLN*LOAN*	（c、0、1）	-13.44593	-3.483312***	I（0）
DLN*R*	（0、0、0）	-10.74542	-3.482879***	I（0）
DLN*CPI*	（0、0、2）	-3.194794	-2.583744***	I（0）
DLN*PPI*	（0、0、0）	-3.544089	-2.583444***	I（0）

注：***表示在1%的显著性水平上拒绝或者接受原假设。

表6-8　各个相关变量季度数据的平稳性检验（ADF检验）

变量	检验类型（c、t、k）	t值	临界值	结果
DLN*SHB*	（c、0、0）	-9.138937	-3.600987***	I（0）
DLN*R*	（c、0、0）	-4.547779	-3.600987***	I（0）
DLN*LOAN*	（c、0、3）	-5.221498	-3.615588**	I（0）
DLN*GDP*	（c、0、0）	-3.137143	-3.600987**	I（0）
DLN*SR*	（c、0、0）	-8.269491	-3.600987***	I（0）

注：*** 表示在1%的显著性水平上拒绝或者接受原假设；** 表示在5%的显著性水平上拒绝或者接受原假设。

3. 一般的马尔科夫区制转移模型

传统的向量自回归模型参数是不变的，即在样本中不同变量之间的关系在所选定的期限内是不变的。但是在实际的经济情况中，不同变量之间的关系会受到各种因素的影响而发生变化。马尔科夫区制转移向量自回归模型能比较好地解释变量之间动态的非线性关系，模型的参数随着区制变量的变化而发生改变，也就是说，不同区制下变量的参数是不同的。区制变量服从离散时间和状态的马尔科夫随机过程。

贝朗尼（Benoît Bellone，2005）对一般的马尔科夫区制转移模型进行了介绍，本部分稍作整理。

向量$y_t=(y_{1,t},y_{2,t},\cdots,y_{p,t})$是一个（1，$p$）向量，$p$为变量个数。$S_t=\{1,\cdots,M\}$定义为不可观测的变量，具有$M$个状态。转移概率矩阵$P$如下：

$$P=\begin{bmatrix} p_{11} & \cdots & p_{M1} \\ p_{12} & \cdots & p_{M2} \\ \vdots & \vdots & \vdots \\ p_{1M} & \cdots & p_{MM} \end{bmatrix}, \text{其中}, \sum_{j=1}^{M} p_{kj}=1,\ p_{kj}\geqslant 0,\ \forall k,\ j\in\{1,\cdots,M\}。$$

令$I_{t-1}=(y_{t-1},\cdots,y_1)$，则$p_{kj}=P(S_t=j|S_{t-1}=k,\cdots,S_1=l,I_{t-1})=P(S_t=j|S_{t-1}=k),\forall k,\ j\in\{1,\cdots,M\}$

汉密尔顿（Hamilton，1994）定义了一个（M，1）向量，用ξ_t来表示，对这个向量的第j行元素作如下定义：$\forall j\in\{1,\cdots,M\}$

$$\xi_t^j=I_{S_t=j}，且\ \xi_t=(\xi_t^1,\cdots,\xi_t^M)$$

当$S_t=j$，那么$\xi_t=e_j'$，e_j是单位矩阵I_M的第j列向量，从而有：

$$\xi_t=\sum_{j=1}^{M} e_j'\times\xi_t^j$$

与状态 j 相关的条件概率为：$P(S_t=j|I_t)=E(\xi_t^j|I_t)$

滤波概率向量为：

$$P(S_t|I_t)=E(\xi_t|I_t)=(P(S_t=1|I_t)\cdots P(S_t=M|I_t))$$

$$=\hat{\xi}_{t/t}=(E(\xi_t^1|I_t)\cdots E(\xi_t^M|I_t))$$

令 $x_t=(x_{1,t},\cdots,x_{n,t})$ 为 $(1,n)$ 外生回归元向量，$z_t=(z_{1,t},\cdots,z_{q,t})$ 为 $(1,q)$ 外生回归元向量，x_t 服从区制转移，z_t 不服从区制转移。

$\beta_{S_t}=(\beta_{S_t}^1,\cdots,\beta_{S_t}^p)$ 是 (n,p) 回归系数矩阵，该矩阵是依赖区制的。

$\delta=(\delta^1,\cdots,\delta^p)$ 是 (q,p) 回归系数矩阵，该矩阵是不依赖区制的。

令 1_p 是一个关于1的 $(1,p)$ 向量，并且定义：

$$\Gamma_{S_t}=(\beta_{S_t}|\delta)',\ A_t=(x_t|z_t)$$

所以一般的马尔科夫区制转移高斯模型为：

$$\begin{cases} y_t=A_t\cdot\Gamma_{S_t}+u_t \\ u_t|S_t\sim N(0,\sum_{S_t}) \end{cases}\qquad \sum S_t=\begin{bmatrix} \sigma_{11}(S_t) & \cdots & \sigma_{1M}(S_t) \\ \vdots & \ddots & \vdots \\ \sigma_{M1}(S_t) & \cdots & \sigma_{MM}(S_t) \end{bmatrix}$$

也可以写成：

$$\begin{cases} y_t=x_t\cdot\beta_{S_t}+z_t\cdot\delta+u_t \\ u_t|S_t\sim N(0,\sum_{S_t}) \end{cases}$$

6.3.2　基于信贷传导渠道的模型的构建与实证分析

1. 对经济增长效果的实证分析

（1）MSVAR 模型的选择。构建包含信贷增长率、影子银行增长率、GDP 增长率和城镇居民人均可支配收入（SR）增长率的 MSVAR 模型。根据 AIC、HQ、SC 准则确定模型的滞后阶数为1。将模型的区制确定为货币政策扩张和紧缩两个区制①。通过对 MSVAR 不同模型的比较分析，确定最

① 模型所选的样本阶段，我国的货币政策大部分是执行稳健的货币政策，只是稳健的货币政策中又表现为适度从紧和适度宽松，这里简单称为紧缩的货币政策和扩张的货币政策，区制也按紧缩和扩张进行划分，下同。

优的模型为 MSH(2) - VARX(1)(见表 6 - 9)。也就是说，所选的模型是两个区制，滞后 1 阶并且截距和滞后系数均不随状态不同发生变化，只有方差随状态不同发生变化。通过 GiveWin2 平台 OX - MSVAR 软件包实现模型的估计。

表 6 - 9　　　　　　　　**MSVAR 模型选取结果对比**

变量	AIC	HQ	SC
MSI(2) - VARX(1)	-5.0444	-4.6487	-3.9577
MSM(2) - VARX(1)	-4.9842	-4.5885	-3.8976
MSMH(2) - VARX(1)	-5.1441	-4.6571	-3.8067
MSIH(2) - VARX(1)	-5.0975	-4.6105	-3.7601
MSH(2) - VARX(1)	-5.9343 *	-5.4929 *	-4.7222 *
MSMA(2) - VARX(1)	-2.5494	-1.9711	-0.9612
MSA(2) - VARX(1)	-4.6832	-4.1506	-3.2204
MSIA(2) - VARX(1)	-4.4730	-3.8947	-2.8848
MSMAH(2) - VARX(1)	-2.2567	-1.5871	-0.4178
MSIAH(2) - VARX(1)	-4.7854	-4.1158	-2.9465
MSAH(2) - VARX(1)	-5.5799	-4.9560	-3.8664

注：* 表示为最优模型选择。

资料来源：以上数据全部来源于 GiveWin2 平台 OX 软件计算所得。

MSH(2) - VARX(1)模型的 LR 线性统计结果为 56.1693，卡方统计值的 P 值与 Davies 检验的 P 值都为 0，可以看到线性模型的假设显著被拒绝，说明 MSH(2) - VARX(1)模型的设定是合适的。

(2) 区制状态分析。表 6 - 10 是区制转移概率的估算结果。从表 6 - 10 中可以看出，在样本考察期间，系统处于状态 1 的概率为 0.5628，处于状态 2 的概率为 0.4124，由状态 1 向状态 2 转移的概率为 0.5876，由状态 2 向状态 1 转移的概率为 0.4372。

表 6 - 11 是区制状况描述性统计。从表 6 - 11 中可以看出，系统处于区制 1 的时间大概占 57.34%，平均可持续 2.29 个季度；系统处于区制 2 的时间大概占 42.66%，平均可持续 1.70 个季度。

表6－10　区制转移概率

区别	区制1	区制2
区制1	0.5628	0.4372
区制2	0.5876	0.4124

表6－11　区制状况描述性统计

区别	观察值个数	概率	持续期
区制1	24	0.5734	2.29
区制2	17	0.4266	1.70

本小节MSVAR分析的2个区制如图6－7所示。从样本的分布情况来看，区制1表示紧缩的货币政策，区制2表示宽松的货币政策。从区制概率图中可以看出，样本大部分时间处于区制1，而且区制之间的转移也比较频繁。2008年开始，由于受到金融危机的影响，我国GDP增长

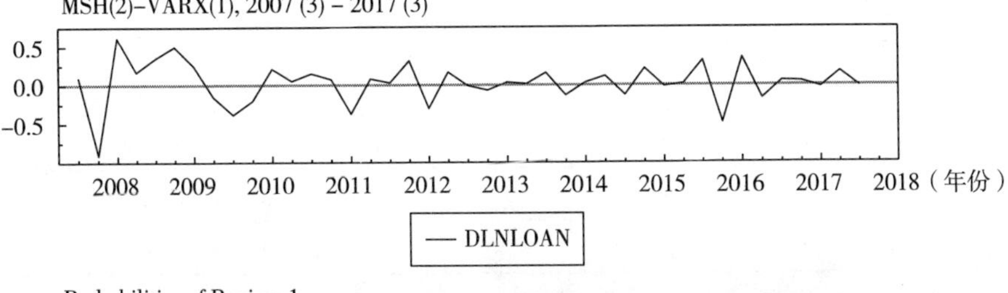

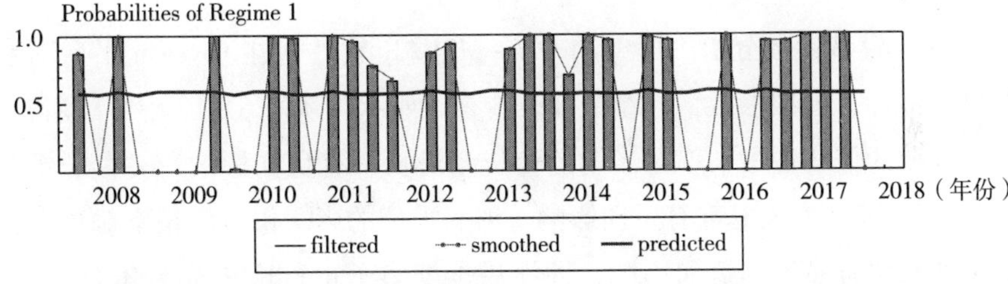

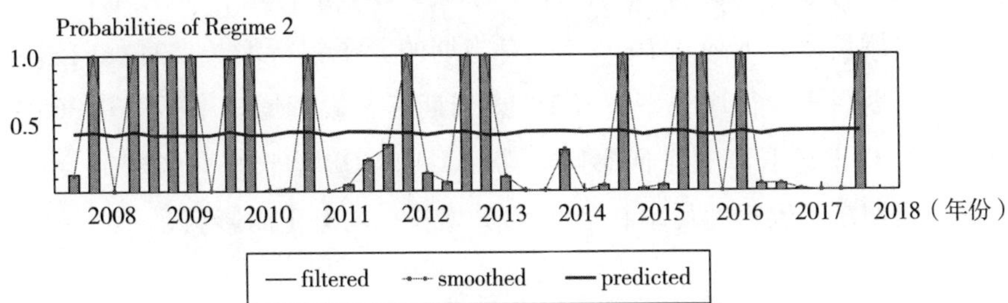

图6－7　区制概率（2008～2018年）

率不断下滑，2008 年底推出扩大内需的计划，约需投资 4 万亿元，这一计划的推出，推动了经济回升。随后我国不断通过政策的微调来稳定经济增长，所以表现为区制转移频繁。2012 年以后，我国基本表现为适度从紧的货币政策，信贷量增长率和 GDP 增长率基本保持平稳。表 6 – 12 可以更清晰地看出区制转换的准确时点及样本在各区制存续的准确时段和概率。

表 6 – 12　　区制分类及概率

区制 1	区制 2
2007:3 – 2007:3 [0.8782]	2007:4 – 2007:4 [1.0000]
2008:1 – 2008:1 [1.0000]	2008:2 – 2009:1 [1.0000]
2009:2 – 2009:2 [1.0000]	2009:3 – 2009:4 [0.9902]
2010:1 – 2010:2 [0.9881]	2010:3 – 2010:3 [1.0000]
2010:4 – 2011:3 [0.8490]	2011:4 – 2011:4 [1.0000]
2012:1 – 2012:2 [0.9028]	2012:3 – 2012:4 [1.0000]
2013:1 – 2014:2 [0.9238]	2014:3 – 2014:3 [1.0000]
2014:4 – 2015:1 [0.9734]	2015:2 – 2015:3 [1.0000]
2015:4 – 2015:4 [0.9998]	2016:1 – 2016:1 [0.9991]
2016:2 – 2017:2 [0.9781]	2017:3 – 2017:3 [1.0000]

（3）模型参数分析。模型用 OX – MSVAR 软件包在 Givewin 平台对参数进行估计，模型参数估计结果如表 6 – 13 所示。从表 6 – 13 中可以看出，滞后 1 期的信贷量增长率对当期的信贷量增长率有负向影响，对影子银行增长率和 GDP 增长率都有正向影响。滞后 1 期的影子银行增长率对当期信贷量增长率有显著的负向影响，即滞后 1 期影子银行增长率上升 1%，当期信贷量增长率会下降 0.167%①；对当期的影子银行增长率有负向影响，即滞后 1 期影子银行增长率上升 1%，当期影子银行增长率下降 0.365%；对当期的 GDP 增长率有正向影响。滞后 1 期 GDP 增长率对当期信贷量增长率、当期影子银行增长率和当期 GDP 增长率均有正向影响。

① 这并不违背当前影子银行扩张促进货币供给量增长这一主流观点。信贷增长率的降低并不必然导致信贷规模降低。这一结果可能是由于影子银行资金成本较高导致其信贷功能下降所致。

表 6－13　　　　　　　　　系数矩阵（区制 1、区制 2）

变量	DLNLOAN	DLNSHB	DLNGDP
截距	－0.028824（－0.4408）	0.104512（0.9918）	0.009402（3.7338）
DLNLOAN_1	－0.561444（－5.3306）	0.151810（0.9072）	0.002738（0.7161）
DLNSHB_1	－0.167189（－2.9425）	－0.364655（－3.9391）	0.001274（0.4839）
DLNGDP_1	1.162389（0.5040）	7.171372（1.9014）	0.606985（6.6357）
DLNSR	1.512093（0.8493）	－10.117196（－3.2216）	－0.003931（－0.0387）
标准差（区制 1）	0.114073	0.257275	0.010280
标准差（区制 2）	0.369254	0.579573	0.009050

（4）脉冲响应函数分析。由于所选模型滞后系数不存在状态依赖，所以为了更进一步考察信贷渠道下影子银行对 GDP 的影响方向、作用强度以及持续时间，并且比较不同区制下影子银行对经济增长的动态影响，采用累积脉冲响应进行分析。

给定影子银行增长率一个标准差的正冲击，即影子银行增长率上升，两个区制下 GDP 增长率变动的响应方向相反。如图 6－8 所示，区制 1 中，影子银行增长率上升的正向冲击将导致 GDP 增长率逐渐上升，在第 6 期达到最大值后基本在 0.025 保持稳定。在区制 1，也就是紧缩的货币政策下，影子银行增长率上升会促进 GDP 增长率上升。区制 2 中，GDP 增长率的响应方向是负的，最初有短暂的上升，但迅速下降，在第 10 期达到最低值之后基本在－0.00160 保持稳定，此时 GDP 增长率是在负区间，说明在区制 2 中，影子银行增长率的正向冲击使 GDP 加速下降。在区制 2，也就是扩张的货币政策下，影子银行增长率上升会导致 GDP 增长率下降。从图 6－8 中也可以看出区制 1 的响应程度要大于区制 2 的响应程度。

（5）MSVAR 方法的有效性。从图 6－9 可以看出，MSVAR 模型较好地拟合了各变量的变动。图的左边表示的是信贷量增长率、影子银行增长率和 GDP 增长率的实际值、平滑值和一步预测值的关系；图的右边是基于 MSVAR 模型的各变量残差的正态分布拟合情况。说明 MSVAR 模型在研究信贷量、影子银行和经济增长关系中是有效的。

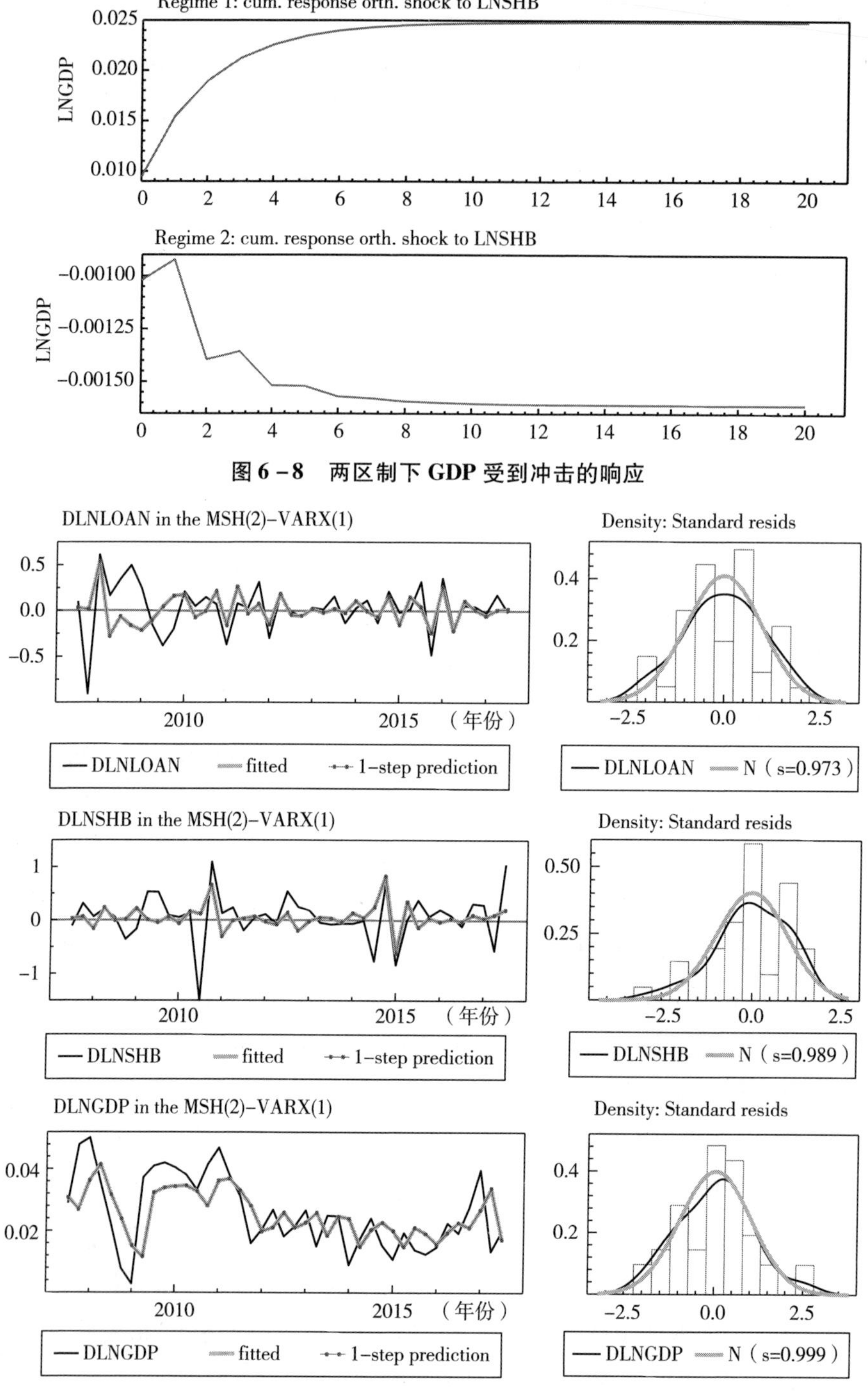

图 6－8　两区制下 GDP 受到冲击的响应

图 6－9　MSVAR 模型对变量的拟合及残差分布

（6）实证结论。MSH(2) – VARX(1)模型对实际经济情况的拟合效果较好。本节考察的是信贷渠道，区制 1 代表紧缩的货币政策，区制 2 代表宽松的货币政策。通过模型的参数分析发现，滞后 1 期的信贷量增长率对当期的信贷量增长率有负向影响，对影子银行增长率和 GDP 增长率都有正向影响。滞后 1 期的影子银行增长率对当期信贷量增长率有显著的负向影响；对当期的影子银行增长率有负向影响；对当期的 GDP 增长率有正向影响。滞后 1 期的 GDP 增长率对当期信贷量增长率、当期影子银行增长率和当期 GDP 增长率均有正向影响。

通过脉冲分析发现：给定影子银行增长率一个标准差的正冲击，即影子银行增长率上升，两个区制下 GDP 增长率变动的响应方向相反。区制 1 中，影子银行增长率上升的正向冲击将导致 GDP 增长率上升，也就是说，在紧缩的货币政策下，影子银行增长率上升会促进 GDP 增长率上升，由于 GDP 增长率在正区间，所以 GDP 的规模也是上升的。这是因为在紧缩的货币政策下资金收紧，很多企业的融资需求得不到满足，而影子银行能够满足这部分资金缺口，有利于经济增长。所以，影子银行规模的快速扩大会削弱紧缩性货币政策抑制经济过热的效果。区制 2 中，影子银行增长率上升的正向冲击将导致 GDP 增长率下降。在区制 2，也就是扩张的货币政策下，影子银行增长率上升会导致 GDP 增长率在负区间下降，即 GDP 规模下降，影子银行规模的快速扩大会削弱扩张性货币政策促进经济增长的效果。而实际在扩张的货币政策中，影子银行表现为负向冲击的效果，与上述正向冲击情况相反。扩张的货币政策中信贷资金充足，企业更容易从传统商业银行获得资金，一部分企业的融资需求在紧缩的货币政策时期由影子银行满足而在扩张的货币政策时期则由商业银行满足，影子银行规模增速下降，这一转换使企业融资成本下降，从而投资规模增加，同时，由影子银行对货币供给量影响的理论分析可知，在扩张货币政策下二者负相关，即在扩张货币政策下，影子银行规模下降，货币供给量上升，也会增加投资，拉动需求，促进 GDP 上升。所以，扩张的货币政策下，即影子银行增速下降，会使 GDP 上升，强化扩张性货币政策效果。这与毛泽盛和许艳梅（2015）运用 SVAR 模型所得的研究结论一致。从影响程度来看，影子银行对货币政策效果的影响存在非对称性，对紧缩性货币政策的效果要大于对扩张性货币政策的效果。

2. 对物价水平效果的实证分析

（1）MSVAR 模型的选择。构建包含信贷量增长率、影子银行增长率、CPI 增长率和工业生产者出厂价格指数（PPI）增长率的 MSVAR 模型。根据 AIC、HQ、SC 准则确定模型的滞后阶数 1。同样将模型的区制确定为货币政策扩张和紧缩两个区制。通过对 MSVAR 不同模型的比较分析，确定最优的模型为 MSH(2) - VARX(1)（见表 6 - 14）。也就是说，所选的模型是两个区制，滞后 1 阶并且截距和滞后系数均不随状态不同发生变化，只有方差随状态不同发生变化。通过 GiveWin2 平台 OX - MSVAR 软件包实现模型的估计。

表 6 - 14　　MSVAR 模型选取结果对比

变量	AIC	HQ	SC
MSI(2) - VARX(1)	-5.7489	-5.5112	-5.1637
MSM(2) - VARX(1)	-5.7508	-5.5130	-5.1655
MSMH(2) - VARX(1)	-6.3952	-6.1025	-5.6748
MSIH(2) - VARX(1)	-6.3756	-6.0829	-5.6553
MSH(2) - VARX(1)	-6.4038*	-6.1386*	-5.7510*
MSAH(2) - VARX(1)	-6.3949	-6.0199	-5.4719
MSMA(2) - VARX(1)	-4.3728	-4.0253	-3.5174
MSA(2) - VARX(1)	-5.7604	-5.4404	-4.9726
MSIA(2) - VARX(1)	-5.8553	-5.5078	-4.9999
MSMAH(2) - VARX(1)	-4.2775	-3.8752	-3.2871
MSIAH(2) - VARX(1)	-5.9280	-5.5256	-4.9375

注：* 表示为最优模型选择。

资料来源：以上数据全部来源于 GiveWin2 平台 OX 软件计算所得。

MSH(2) - VARX(1)模型的 LR 线性统计结果为 116.4798，卡方统计值的 P 值与 Davies 检验的 P 值都为 0，可以看出线性模型的假设显著被拒绝，说明 MSH(2) - VARX(1)模型的设定是合适的。

（2）区制状态分析。表 6 - 15 是区制转移概率的估算结果。从表 6 - 15 中可以看出，在样本考察期间，系统处于状态 1 的概率为 0.9477，处于状态 2 的概率为 0.7364，由状态 1 向状态 2 转移的概率为 0.2636，由状态 2 向状态 1 转移的概率为 0.0523。

表 6 - 16 是区制状况描述性统计。从表中可以看出，系统处于区制 1

的时间大概占83.44%，平均可持续19.11个月；系统处于区制2的时间大概占16.56%，平均可持续3.79个月。

表6-15　　区制转移概率

区别	区制1	区制2
区制1	0.9477	0.0523
区制2	0.2636	0.7364

表6-16　　区制状况描述性统计

区别	观察值个数	概率	持续期
区制1	103	0.8344	19.11
区制2	23	0.1656	3.79

本部分MSVAR分析的2个区制如图6-10所示。从样本的分布情况来看，区制1表示紧缩的货币政策，区制2表示宽松的货币政策。从区制

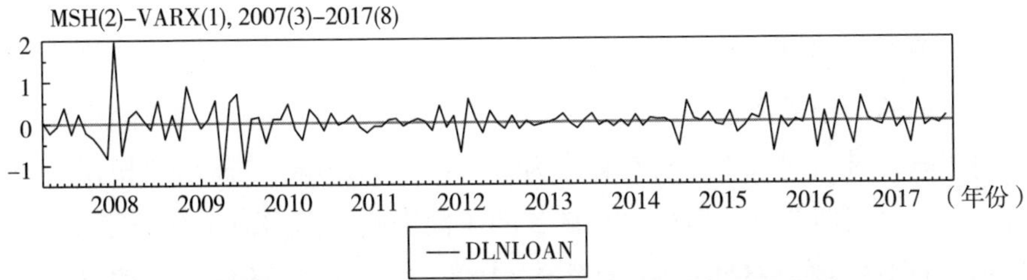

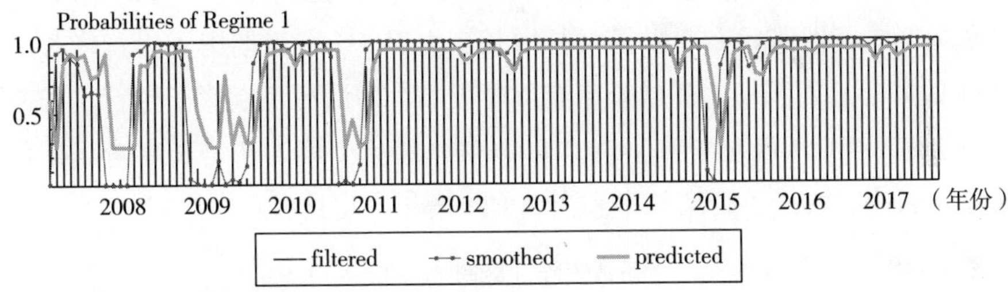

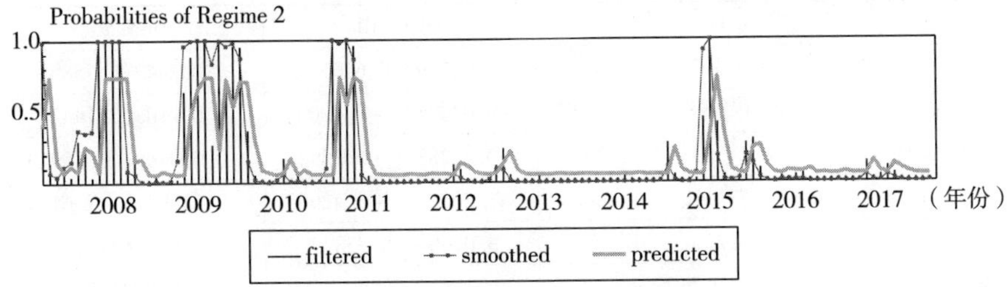

图6-10　区制概率（2008~2017年）

概率图 6－10 中可以看出，样本大部分时间处于区制 1，而且 2012 年以前区制之间的转移也比较频繁。由于受到金融危机的影响，我国 CPI 增长率自 2008 年开始不断下滑，为了降低金融危机对我国的冲击，2008 年底推出扩大内需的“4 万亿”计划，使得自 2009 年开始 CPI 增长率又开始升高。2012 年以后，我国基本表现为适度从紧的货币政策，信贷量增长率和 CPI 增长率基本保持平稳。表 6－17 可以更清晰地看出区制转换的准确时点及样本在各区制存续的准确时段和概率。

表 6－17　　区制分类及概率

区制 1	区制 2
2007:4－2007:10 [0.7920]	2007:3－2007:3 [0.9902]
2008:3－2008:10 [0.9571]	2007:11－2008:2 [1.0000]
2009:8－2010:7 [0.9660]	2008:11－2009:7 [0.9529]
2010:12－2014:11 [0.9864]	2010:8－2010:11 [0.9592]
2015:2－2017:8 [0.9725]	2014:12－2015:1 [0.9558]

（3）模型参数分析。从表 6－18 中可以看出，滞后 1 期的信贷量增长率对当期的信贷量增长率具有显著的负向影响；对当期影子银行增长率有负向影响；对当期 CPI 增长率有较为显著的正向影响。滞后 1 期的影子银行增长率对当期信贷量增长率有显著的正向影响，即滞后 1 期影子银行增长率上升 1%，信贷量增长率上升 0.14%；对当期影子银行增长率有显著的负向影响，即滞后 1 期影子银行增长率上升 1%，当期影子银行增长率下降 0.42%；对当期 CPI 增长率有负向影响，即滞后 1 期影子银行增长率上升 1%，当期 CPI 增长率下降 0.0004%。滞后 1 期 CPI 增长率对当期信贷量增长率、影子银行增长率和当期 CPI 增长率均具有负向影响。

表 6－18　　系数矩阵（区制 1、2）

变量	DLNLOAN	DLNSHB	DLNCPI
截距（区制 1）	0.013977(0.5050)	0.021297(0.6105)	0.002443(6.7585)
DLNLOAN_1	－0.472998(－6.20239)	－0.040353(－0.4000)	0.002108(2.1443)
DLNSHB_1	0.143633(2.7143)	－0.422887(－5.3592)	－0.000409(－0.5919)
DLNCPI_1	－1.731196(－0.2842)	－3.202465(－0.4206)	－0.138856(－1.6185)
DLNPPI	－5.997201(－1.2242)	5.016640(0.7332)	0.166987(2.4825)
标准差（区制 1）	0.240509	0.291386	0.003185
标准差（区制 2）	0.531927	1.327476	0.005904

（4）脉冲响应函数分析。由于所选模型滞后系数不存在状态依赖，所以为了更进一步考察信贷渠道下影子银行对CPI的影响方向、作用强度以及持续时间，并且比较不同区制下影子银行对CPI的动态影响，采用累积脉冲响应进行分析。

给定影子银行增长率一个标准差的正冲击，即影子银行增长率上升，两个区制下CPI增长率的表现几乎相同，仅仅是幅度和所在正负区间不同。如图6-11所示，在两个区制中，影子银行增长率上升的正向冲击会使CPI增长率迅速下降，在第1期达到最小值，随后迅速上升，在第2期达到最大值，随后又迅速下跌，经过震动后在第8期之后基本达到平稳。在区制1中，紧缩的货币政策下，影子银行增长率的正向冲击使CPI增长率的响应最终稳定在0.00012左右，表明影子银行增长率上升会促进CPI上涨；在区制2中，扩张的货币政策下，CPI增长率的响应除第2期最大值在正区间，其余始终在负区间，最终在-0.0020左右达到稳定，这表明影子银行增长率的上升会降低CPI。

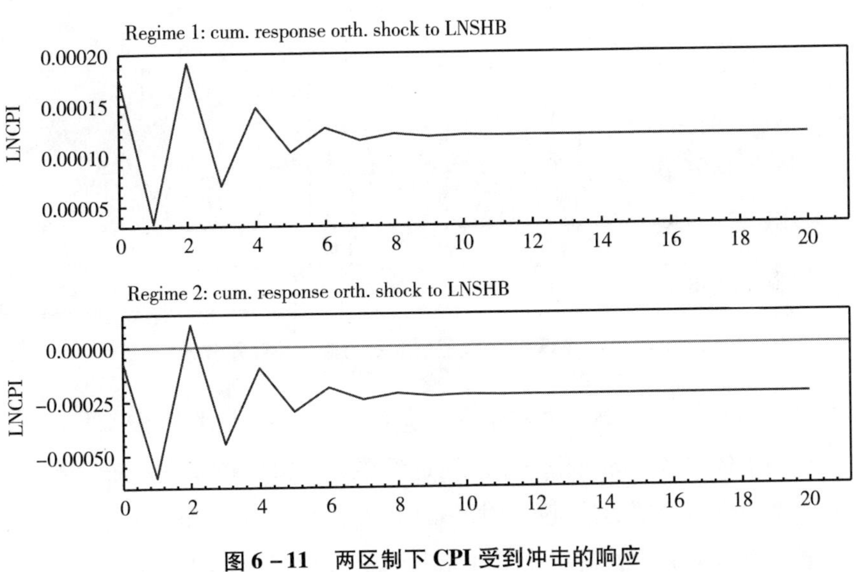

图6-11　两区制下CPI受到冲击的响应

（5）MSVAR方法的有效性。从图6-12可以看出，MSVAR模型较好地拟合了各变量的变动。图的左边表示的是信贷量增长率、影子银行增长率和CPI增长率的实际值、平滑值和一步预测值的关系；图的右边是基于

MSVAR 模型的各变量残差的正态分布拟合情况。说明 MSVAR 模型在研究信贷量、影子银行和物价水平的关系中是有效的。

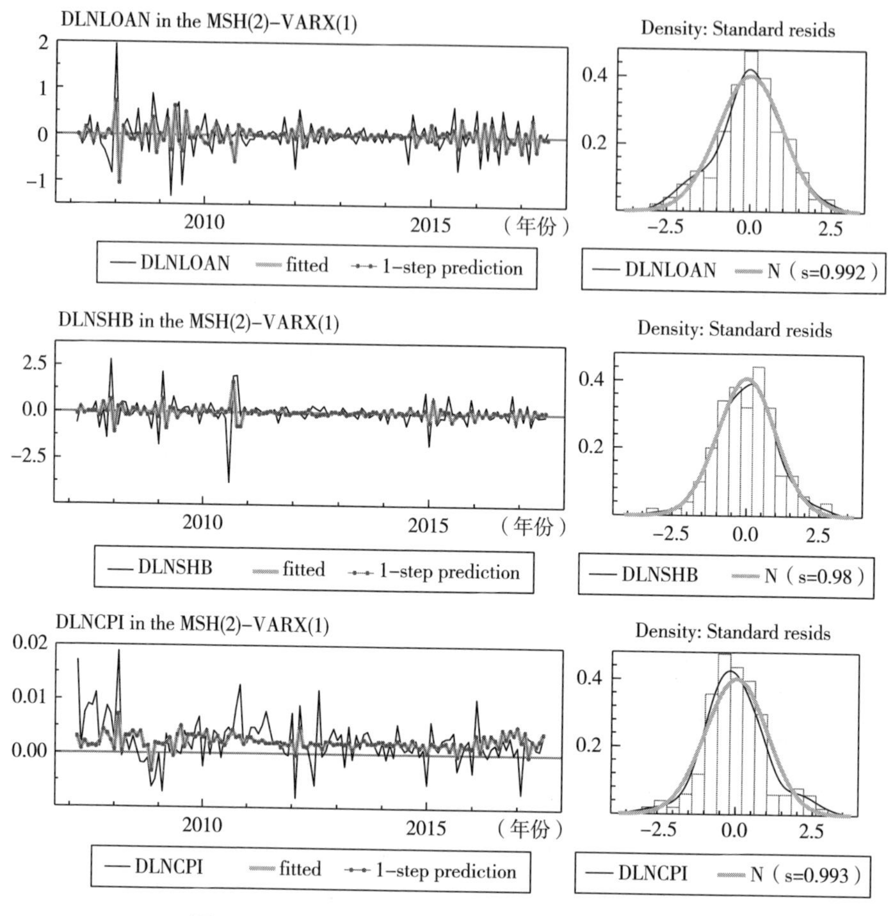

图 6-12 MSVAR 模型对变量的拟合及残差分布

（6）实证结论。仍然考察的是信贷渠道，区制 1 代表紧缩的货币政策，区制 2 代表宽松的货币政策。通过模型的参数分析发现，滞后 1 期的信贷量增长率对当期的信贷量增长率具有显著的负向影响；对当期影子银行增长率有负向影响；对当期 CPI 增长率有较为显著的正向影响。滞后 1 期的影子银行增长率对当期信贷量增长率有显著的正向影响；对当期影子银行增长率有显著的负向影响；对当期 CPI 增长率有负向影响。滞后 1 期 CPI 增长率对当期信贷量增长率、影子银行增长率和当期 CPI 增长率均具有负向影响。

通过脉冲分析发现：在区制 1 中，紧缩的货币政策下，影子银行增长率的正向冲击，使 CPI 增长率的响应最终稳定在 0.00012 左右，表明影子银行快速发展会促进 CPI 上涨，从而削弱紧缩性货币政策效果。这是因为在紧缩的货币政策下信贷收缩，但影子银行能够进行信用创造从而提供一定的货币供给，货币供给量相对增加，导致 CPI 有所提高。所以，影子银行规模的快速扩大会削弱紧缩性货币政策的效果。在区制 2 中，扩张的货币政策下，CPI 增长率的响应除第 2 期最大值在正区间，其余始终在负区间，最终在 -0.0020 左右达到稳定，这表明，影子银行的快速发展会降低 CPI，从而会弱化扩张性货币政策效果。而实际在扩张的货币政策中，影子银行表现为负向冲击的效果，与上述正向冲击情况相反。如前面分析，扩张的货币政策中信贷资金充足，企业更容易从传统商业银行获得资金，一部分企业的融资需求由影子银行转向商业银行，影子银行规模增速下降，企业融资成本下降，从而投资规模增加，带动社会总需求增加，导致 CPI 上升。所以，扩张的货币政策下，影子银行增速下降，会使 CPI 上升，强化扩张性货币政策效果。从影响程度来看，影子银行对货币政策效果的影响存在非对称性，对扩张性货币政策的效果要大于对紧缩性货币政策的效果。

3. 小结

总的来说，仅考虑信贷传导渠道，在紧缩性货币政策下，影子银行增速上升会促进经济增长，削弱了货币政策效果；影子银行增速上升会促进 CPI 上涨，使物价上升，削弱了紧缩性货币政策效果。在扩张性货币政策下，影子银行增速上升会使 GDP 规模迅速下跌，削弱了扩张性货币政策的效果；而影子银行增速上升会降低 CPI，使物价下降，削弱了扩张性货币政策效果。在实际情况中，紧缩的货币政策时期，影子银行快速发展，符合实证所得到的结论，而影子银行的快速发展削弱了紧缩性货币政策的效果；扩张的货币政策时期，由于影子银行的规模缩减，而实证分析中讨论的是影子银行增长率的正向冲击的情况，所以，实际在扩张的货币政策中，影子银行规模增速下降会产生相反的结论，即会促进 GDP 和 CPI 的上升，强化扩张性货币政策的效果。所以，从信贷传导渠道来说，无论从经济增长还是从物价角度，影子银行会削弱紧缩性货币政策效果，强化扩张性货币政策的效果。

综合来看，影子银行对货币政策的效果影响存在着非对称性。在信贷传导渠道下，从对经济增长的影响角度来看，对紧缩性货币政策的影响效果要大于对扩张性货币政策的影响效果；从对物价水平的影响角度来看，对扩张性货币政策的影响效果大于对紧缩性货币政策的影响效果。

6.3.3 基于利率传导渠道的模型的构建与实证分析

1. 对经济增长效果的实证分析

（1）MSVAR 模型的选择。构建包含利率增长率、影子银行增长率、GDP 增长率和城镇居民人均可支配收入（SR）增长率的 MSVAR 模型。根据 AIC、HQ、SC 准则确定模型的滞后阶数为 1。同样将模型的区制确定为货币政策扩张和紧缩两个区制。

通过对 MSVAR 不同模型的比较分析，确定最优的模型为 MSH(2) - VARX(1)（见表 6 - 19）。也就是说，所选的模型是两个区制，滞后 1 阶并且滞后系数和截距不随状态不同发生变化，只有方差随状态的不同发生变化。通过 GiveWin2 平台 OX - MSVAR 软件包实现模型的估计。

表 6 - 19　　MSVAR 模型选取结果对比

变量	AIC	HQ	SC
MSI(2) - VARX(1)	-5.6210	-5.2253	-4.5344
MSM(2) - VARX(1)	-5.6184	-5.2227	-4.5317
MSMH(2) - VARX(1)	-5.4415	-4.99545	-4.1041
MSH(2) - VARX(1)	-5.8087*	-5.3673*	-4.5967*
MSIH(2) - VARX(1)	-5.4562	-4.9692	-4.1188
MSMA(2) - VARX(1)	-3.6530	-3.0746	-2.0648
MSA(2) - VARX(1)	-5.3080	-4.7753	-3.8452
MSIA(2) - VARX(1)	-5.6927	-5.1144	-4.1045
MSMAH(2) - VARX(1)	-3.3603	-2.6906	-1.5213
MSIAH(2) - VARX(1)	-5.7216	-5.0520	-3.8827

注：* 表示为最优模型选择。

资料来源：以上数据全部来源于 GiveWin2 平台 OX 软件计算所得。

MSH(2)－VARX(1)模型的LR线性统计结果为27.4250，卡方统计值的P值与Davies检验的P值都显著地拒绝线性模型的假设，说明MSH(2)－VARX(1)模型的设定是适合的。

（2）区制状态分析。表6－20是区制转移概率的估算结果。从表6－20中可以看出，在样本考察期间，系统处于状态1的概率为0.8428，处于状态2的概率为0.6615，由状态1向状态2转移的概率为0.3385，由状态2向状态1转移的概率为0.1572。

表6－20　　区制转移概率

区别	区制1	区制2
区制1	0.8428	0.1572
区制2	0.3385	0.6615

表6－21是区制状况描述性统计。从表6－21中可以看出，系统处于区制1的时间大概占68.29%，平均可持续6.36个季度；系统处于区制2的时间大概占31.71%，平均可持续2.95个季度。

表6－21　　区制状况描述性统计

区别	观察值个数	概率	持续期
区制1	29	0.6829	6.36
区制2	12	0.3171	2.95

本节MSVAR分析的两个区制如图6－13所示，从样本的分布情况来看，区制1表示紧缩的货币政策，区制2表示宽松的货币政策。从区制概率图中可以看出，样本大部分时间处于区制1。我国在1993年确立了利率市场化改革的设想以后，就开始有步骤地推进利率市场化改革。2008年上半年以前，为了抑制经济过热，我国实行了从紧的货币政策。而由于受到金融危机的影响，导致我国经济下滑，为了阻止经济衰退，2008年下半年开始，我国开始实行适度宽松的货币政策。2012年以后，我国基本表现为适度从紧的货币政策，利率增长率和GDP增长率基本保持平稳。表6－22可以更清晰地看出区制转换的准确时点及样本在各区制存续的准

确时段和概率。

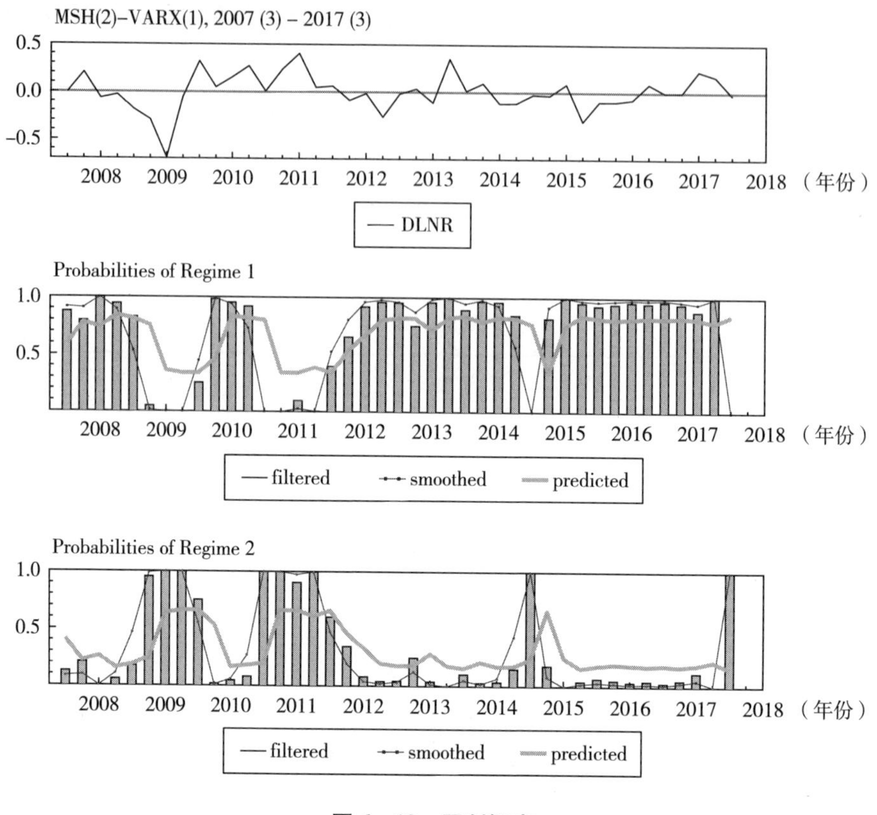

图 6-13　区制概率

表 6-22　区制分类及概率

区制 1	区制 2
2007:3-2008:3 [0.8498]	2008:4-2009:3 [0.8849]
2009:4-2010:2 [0.8877]	2010:3-2011:2 [0.9927]
2011:3-2014:2 [0.8772]	2014:3-2014:3 [1.0000]
2014:4-2017:2 [0.9720]	2017:3-2017:3 [1.0000]

（3）模型参数分析。从表 6-23 中可以看出，滞后 1 期的利率增长率对当期利率增长率有正向影响；对当期影子银行增长率有显著的负向影响，即滞后 1 期利率增长率上升 1%，当期影子银行增长率会下降 1.31%；对当期的 GDP 增长率表现为负向影响。滞后 1 期的影子银行增长

率对当期利率增长率有正向影响，即滞后 1 期影子银行增长率上升 1%，当期利率增长率会上升 0.12%；对当期影子银行增长率有负向影响；对当期 GDP 增长率有正向影响，即影子银行增长率上升 1%，当期 GDP 增长率会上升 0.002%。滞后 1 期 GDP 增长率对当期利率有显著的正向影响，即滞后 1 期 GDP 增长率上升 1%，当期利率增长率上升 5.47%；对当期影子银行增长率正向影响也较为显著，当滞后 1 期 GDP 增长率上升 1%，影子银行增长率会上升 7.895%；对当期 GDP 增长率有显著的正向影响。

表 6-23　　系数矩阵（区制 1、区制 2）

变量	DLNR	DLNSHB	DLNGDP
截距	-0.129429(-1.8973)	0.144107(1.3989)	0.011404(2.7609)
DLNR_1	0.071032(0.4385)	-1.318033(-5.0827)	-0.003930(-0.4106)
DLNSHB_1	0.123142(1.8185)	-0.159373(-1.4316)	0.001755(0.4852)
DLNGDP_1	5.467706(2.3085)	7.895408(2.1787)	0.518445(3.5691)
DLNSR	-0.982605(-0.5415)	-9.818658(-3.5327)	0.058650(0.5022)
标准差(区制 1)	0.134606	0.202285	0.009138
标准差(区制 2)	0.230481	0.740256	0.010930

（4）脉冲响应函数分析。由于所选模型滞后系数不存在状态依赖，所以为了更进一步考察利率渠道下影子银行对 GDP 的影响方向、作用强度以及持续时间，并且比较不同区制下影子银行对 GDP 的动态影响，采用累积脉冲响应进行分析。

给定影子银行增长率一个标准差的正冲击，即影子银行增长率上升，两个区制下 GDP 增长率的表现有所不同。如图 6-14 所示，区制 1 中，影子银行增长率上升的正向冲击使 GDP 增长率逐渐上升，在第 5 期达到最大值，之后基本在 0.0130 左右保持稳态。区制 1 表现为紧缩的货币政策时期，在这一时期，GDP 响应函数在正区间，所以影子银行业务的快速发展会促使 GDP 上升。区制 2 中，GDP 增长率最初迅速上升，在第 1 期达到最大值，随后迅速下跌，在第 7 期达到最低值，之后基本在 -0.00210 左右保持平稳。在区制 2 表现为扩张的货币政策时期，在这一时期，GDP 增长率为负，所以影子银行业务的快速发展会降低 GDP。

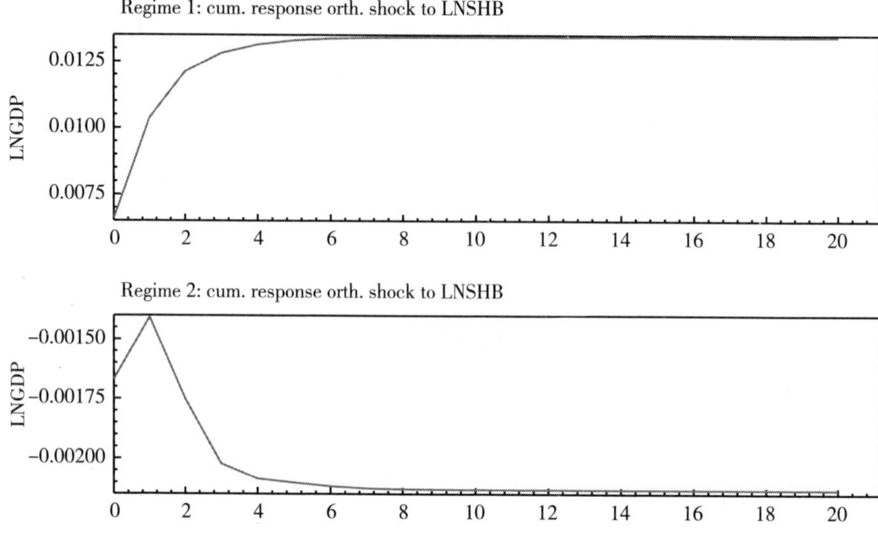

图 6－14　两区制下 GDP 受到冲击的响应

（5）MSVAR 方法的有效性。从图 6－15 可以看出，MSVAR 模型较好地拟合了各变量的变动。图的左边表示的是利率增长率、影子银行增长率和 GDP 增长率的实际值、平滑值和一步预测值的关系；图的右边是基于 MSVAR 模型的各变量残差的正态分布拟合情况。说明 MSVAR 模型在研究利率、影子银行和经济增长关系中是有效的。

（6）实证结论。考察利率渠道，区制 1 代表紧缩的货币政策，区制 2 代表宽松的货币政策。通过对模型的参数分析发现，滞后 1 期的利率增长率对当期利率增长率有正向影响；对当期影子银行增长率有显著的负向影响；对当期的 GDP 增长率表现为负向影响。滞后 1 期的影子银行增长率对当期利率增长率有正向影响；对当期影子银行增长率有负向影响；对当期 GDP 增长率有正向影响。滞后 1 期 GDP 增长率对当期利率有显著的正向影响；对当期影子银行增长率有正向影响；对当期 GDP 增长率有显著的正向影响。

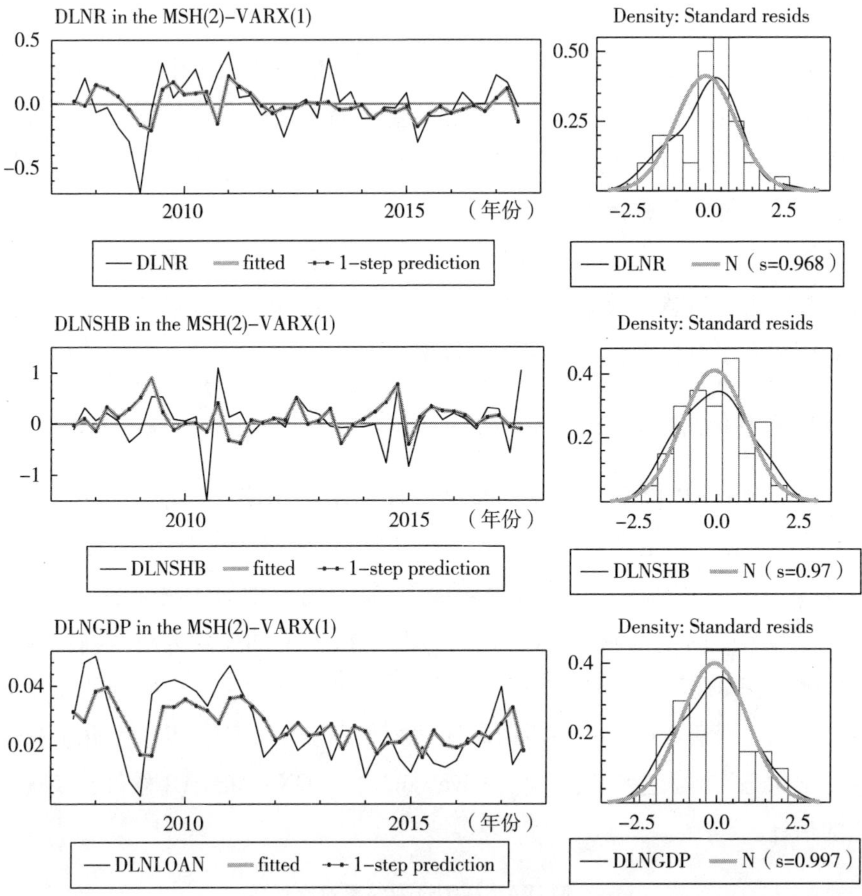

图 6－15　MSVAR 模型对变量的拟合及残差分布

通过脉冲分析发现：区制 1 中，影子银行增长率上升的正向冲击使 GDP 增长率上升，最后稳定在正区间。区制 1 表现为紧缩的货币政策时期，在这一时期，影子银行业务的快速发展会促进经济快速增长。这是因为在紧缩的货币政策下利率上升，而影子银行提供一定的流动性从而满足由于紧缩性货币政策出现的资金短缺，资金量的回升使利率有所下降，从而使企业融资成本相对降低，投资需求增加，有利于经济增长。所以，影子银行规模的快速扩大会削弱紧缩性货币政策抑制经济过热的效果。区制 2 中，GDP 增长率在冲击下最初迅速上升，随后迅速下跌，这一时期，GDP 增长率为负。区制 2 表现为扩张的货币政策时期，在这一时期，影子银行业务的快速发展会降低 GDP 规模，也就是说，会削弱扩张性货币政策刺激经济增长的效果。而实际在扩张的货币政策中，影子银行表现为负向冲击的效果，与上述正向冲击情况相反。扩张的货币政策下利率下降，资金充足，企业更容易从资金成本较低的传统商业银行获得贷款，影子银行规模增速下降，企业融资成本降低，投资规模增加，推动经济增长。所以，在扩张性货币政策下，影子银行的规模增速下降，会推动 GDP 上升，强化扩张性货币政策效果。同时，从脉冲响应图中两个区制变动幅度来看，影子银行对货币政策的作用效果存在着非对称性，对紧缩性货币政策的效果要大于对扩张性货币政策的效果。

2. 对物价水平效果的实证分析

（1）MSVAR 模型的选择。构建包含利率增长率、影子银行增长率、CPI 增长率和工业生产者出厂价格指数（PPI）增长率的 MSVAR 模型。根据 AIC、HQ 准则确定模型的滞后阶数 3。同样将模型的区制确定为货币政策扩张和紧缩两个区制。通过对 MSVAR 不同模型的比较分析，确定最优的模型为 MSH(2) - VARX(3)（见表 6 - 24）。也就是说，所选的模型是两个区制，滞后 3 阶并且滞后系数和截距均不随状态不同发生变化，只有方差随状态不同发生变化。通过 GiveWin2 平台 OX - MSVAR 软件包实现模型的估计。

表 6 - 24　　　　MSVAR 模型选取结果对比

变量	AIC	HQ	SC
MSI(2) - VARX(3)	-7.6998	-7.2933	-6.6991
MSM(2) - VARX(3)	-7.7130	-7.3065	-6.7123
MSMH(2) - VARX(3)	-8.2384	-7.7765	-7.1012
MSH(2) - VARX(3)	-8.2799	-7.84556 *	-7.2109 *
MSAH(2) - VARX(3)	-8.4693	-7.7579	-6.7180
MSIH(2) - VARX(3)	-8.2372	-7.7752	-7.1000
MSMA(2) - VARX(3)	-6.0738	-5.3901	-4.3907
MSA(2) - VARX(3)	-8.2853	-7.6294	-6.6705
MSIA(2) - VARX(3)	-8.1477	-7.4640	-6.4647
MSMAH(2) - VARX(3)	-5.9770	-5.2379	-4.1575
MSIAH(2) - VARX(3)	-8.5179 *	-7.7788	-6.6984

注：* 表示为最优模型选择。

资料来源：以上数据全部来源于 GiveWin2 平台 OX 软件计算所得。

MSH(2) - VARX(3)模型的 LR 线性统计结果为 81.7872，卡方统计值的 P 值与 Davies 检验的 P 值都为 0，线性模型的假设显著地被拒绝，说明 MSH(2) - VARX(3)模型的设定是适合的。

（2）区制状态分析。表 6 - 25 是区制转移概率的估算结果。从表中可以看出，在样本考察期间，系统处于状态 1 的概率为 0.9194，处于状态 2 的概率为 0.6236，由状态 1 向状态 2 转移的概率为 0.3764，由状态 2 向状态 1 转移的概率为 0.0806。

表 6 - 25　　　　区制转移概率

区别	区制 1	区制 2
区制 1	0.9194	0.0806
区制 2	0.3764	0.6236

表 6 - 26 是区制状况描述性统计。从表中可以看出，系统处于区制 1 的时间大概占 82.35%，平均可持续 12.40 个月；系统处于区制 2 的时间大概占 17.65%，平均可持续 2.66 个月。

表 6 - 26　　　　区制状况描述性统计

区别	观察值个数	概率	持续期
区制 1	102	0.8235	12.40
区制 2	22	0.1765	2.66

本部分 MSVAR 分析的 2 个区制如图 6 - 16 所示，从样本的分布情况来看，区制 1 表示紧缩的货币政策，区制 2 表示宽松的货币政策。从区制概率图中可以看出，样本大部分时间处于区制 1。2008 年上半年以前，我国国内无论实体投资还是金融市场投资热情都很高涨，CPI 持续走高，通货膨胀压力加大。为了抑制经济过热，央行多次上调法定存款准备金率，紧缩的政策信号明确。而由于受到金融危机的影响，我国经济下滑，CPI 一度出现负增长。为了降低金融危机的影响，2008 年下半年开始，我国开始实行适度宽松的货币政策。2012 年以后，我国基本表现为适度从紧的货币政策，利率增长率和 GDP 增长率基本保持平稳。从表 6 - 27 可以更清晰地看出区制转换的准确时点及样本在各区制存续的准确时段和概率。

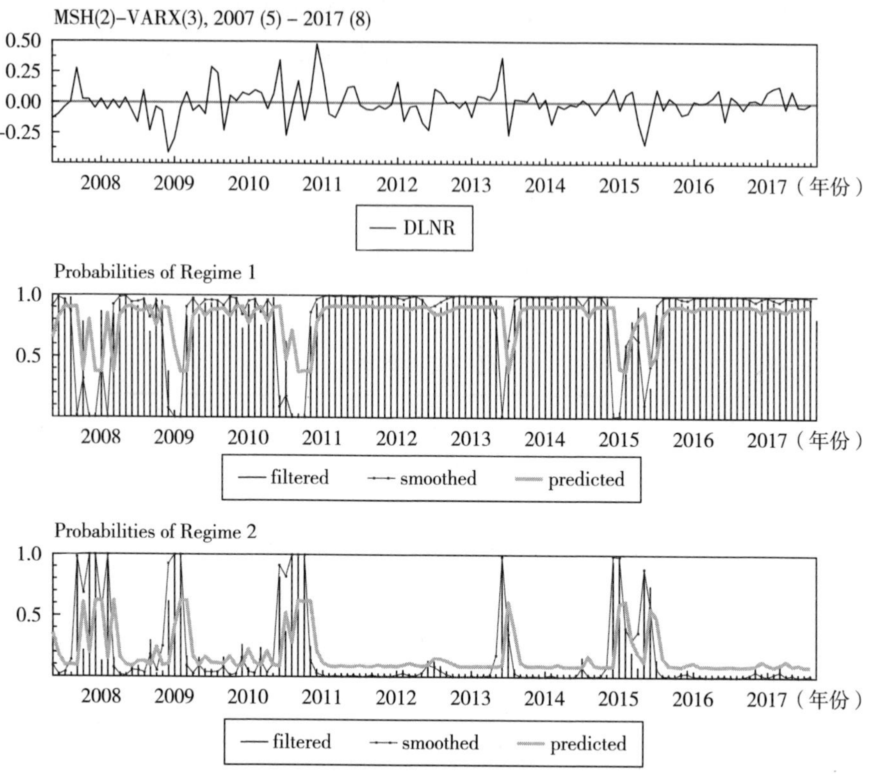

图 6-16　区制概率

表 6-27　　区制分类及概率

区制 1	区制 2
2007:5-2007:8 ［0.9281］	2007:9-2008:2 ［0.8664］
2008:3-2008:11 ［0.9187］	2008:12-2009:2 ［0.9755］
2009:3-2010:5 ［0.9356］	2010:6-2010:10 ［0.9470］
2010:11-2013:5 ［0.9732］	2013:6-2013:6 ［0.9847］
2013:7-2014:11 ［0.9623］	2014:12-2015:1 ［0.9881］
2015:2-2015:4 ［0.6408］	2015:5-2015:6 ［0.7348］
2015:7-2017:8 ［0.9834］	

（3）模型参数分析。从表 6-28 中可以看出，滞后 1 期、2 期的利率增长率对当期的利率增长率有负向影响，滞后 3 期对当期有正向影响，滞后 2 期的负向影响较为显著；滞后各期的利率增长率对当期影子银行增长

率均有负向影响；滞后 1 期和 3 期利率增长率对当期 CPI 增长率有负向影响，滞后 2 期对当期 CPI 有正向影响。滞后各期影子银行增长率对当期利率增长率均有显著的正向影响①；对当期影子银行增长率均有负向影响，滞后 1 期的负向影响较为显著；滞后 1 期和 3 期影子银行增长率对当期 CPI 增长率有负向影响，滞后 2 期对当期 CPI 增长率有正向影响，滞后 3 期的负向影响较为显著。滞后 1 期 CPI 增长率对当期利率增长率有负向影响，滞后 2 期和 3 期均有正向影响；滞后 1 期和 2 期 CPI 增长率对当期影子银行增长率有正向影响，滞后 3 期有负向影响；滞后 1 期 CPI 增长率对当期 CPI 增长率有负向影响，滞后 2 期和 3 期对当期均有正向影响，滞后 1 期的负向影响和滞后 3 期的正向影响较为显著。

表 6－28　　系数矩阵（区制 1、区制 2）

变量	DLNR	DLNSHB	DLNCPI
截距	－0. 007306(－0. 5618)	0. 015819(0. 3758)	0. 001557(3. 5379)
DLNR_1	－0. 113946(－1. 3534)	－0. 408619(－1. 3354)	－0. 000069(－0. 0261)
DLNR_2	－0. 180933(－2. 4715)	－0. 284470(－1. 1481)	0. 001191(0. 4735)
DLNR_3	0. 003985(0. 0570)	－0. 340166(－1. 4726)	－0. 002074(－0. 8456)
DLNSHB_1	0. 054799(2. 6904)	－0. 423440(－5. 6481)	－0. 000225(－0. 3804)
DLNSHB_2	0. 101996(4. 8769)	－0. 093157(－1. 2712)	0. 000419(0. 6656)
DLNSHB_3	0. 077487(4. 6124)	－0. 036608(－0. 6259)	－0. 001120(－2. 0128)
DLNCPI_1	－3. 441541(1. 6325)	2. 057472(－1. 0913)	－0. 076255(－2. 8240)
DLNCPI_2	1. 485716(－1. 3006)	13. 565703(0. 2394)	0. 205572(－0. 8467)
DLNCPI_3	0. 304908(0. 6508)	－7. 803118(1. 8564)	0. 119942(2. 5900)
DLNPPI	5. 332609(2. 8223)	15. 269931(2. 2256)	0. 149892(4. 1513)
标准差(区制 1)	0. 087297(0. 1338)	0. 279283(－1. 0453)	0. 003275(1. 4862)
标准差(区制 2)	0. 198105(2. 9842)	1. 280328(2. 3678)	0. 004091(2. 4668)

① 由第三章利率传导渠道的理论分析可知，在紧缩的货币政策下，由于影子银行的存在使原本由 i1 上升至 i2 的利率又下降至 i3，但总体来看，经济中的利率水平仍然是上升的，在紧缩的货币政策下影子银行的规模也是上升的，所以两者正相关。在扩张的货币政策下，利率由 i1 下降至 i2，由于影子银行的存在，使利率由 i2 进一步下降至 i3，在扩张的货币政策下影子银行的规模也是收缩的，所以两者正相关。

（4）脉冲响应函数分析。由于所选模型滞后系数不存在状态依赖，所以为了更进一步考察利率渠道下影子银行对 CPI 的影响方向、作用强度以及持续时间，并且比较不同区制下影子银行对 CPI 的动态影响，采用累积脉冲响应进行分析。

给定影子银行增长率一个标准差的正冲击，即影子银行增长率上升，两个区制下 CPI 增长率的走势情况相似。如图 6－17 所示，区制 1 中，影子银行增长率上升的正向冲击使 CPI 增长率先小幅下降后又上升，在第 2 期达到最大值 0.00055 左右，随后又迅速下降，在第 3 期达到最低值，在第 4 期又上升到略高于 0.0004，最后在 0.0003 左右保持稳定。区制 2 中，CPI 增长率先降后升，在第 2 期达到最大值，接近于 0，随后迅速下跌，在第 3 期跌到最低点，在第 4 期由上升到－0.001 左右，最后在－0.0015 左右保持稳定。

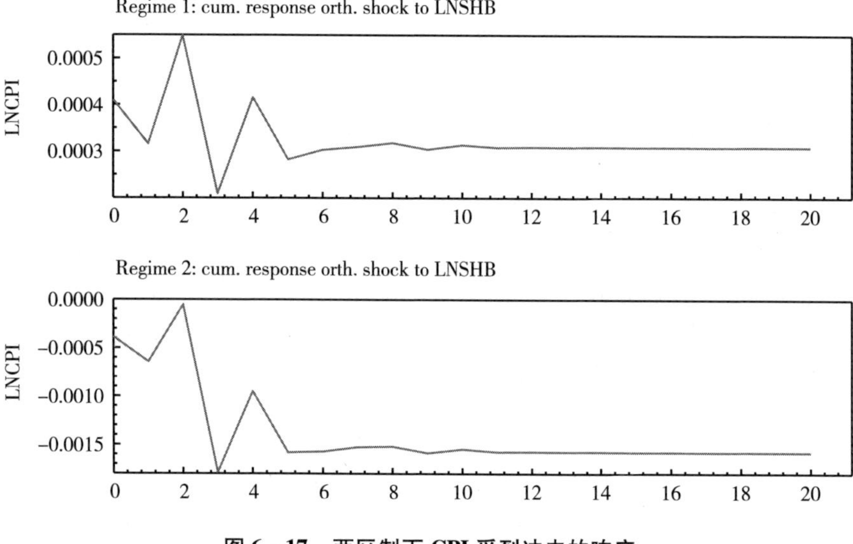

图 6－17　两区制下 CPI 受到冲击的响应

（5）MSVAR 方法的有效性。从图 6－18 可以看出，MSVAR 模型较好地拟合了各变量的变动。图的左边表示的是利率增长率、影子银行增长率和 CPI 增长率的实际值、平滑值和一步预测值的关系；图的右边是基于 MSVAR 模型的各变量残差的正态分布拟合情况。说明 MSVAR 模型在研究利率、影子银行和物价水平的关系中是有效的。

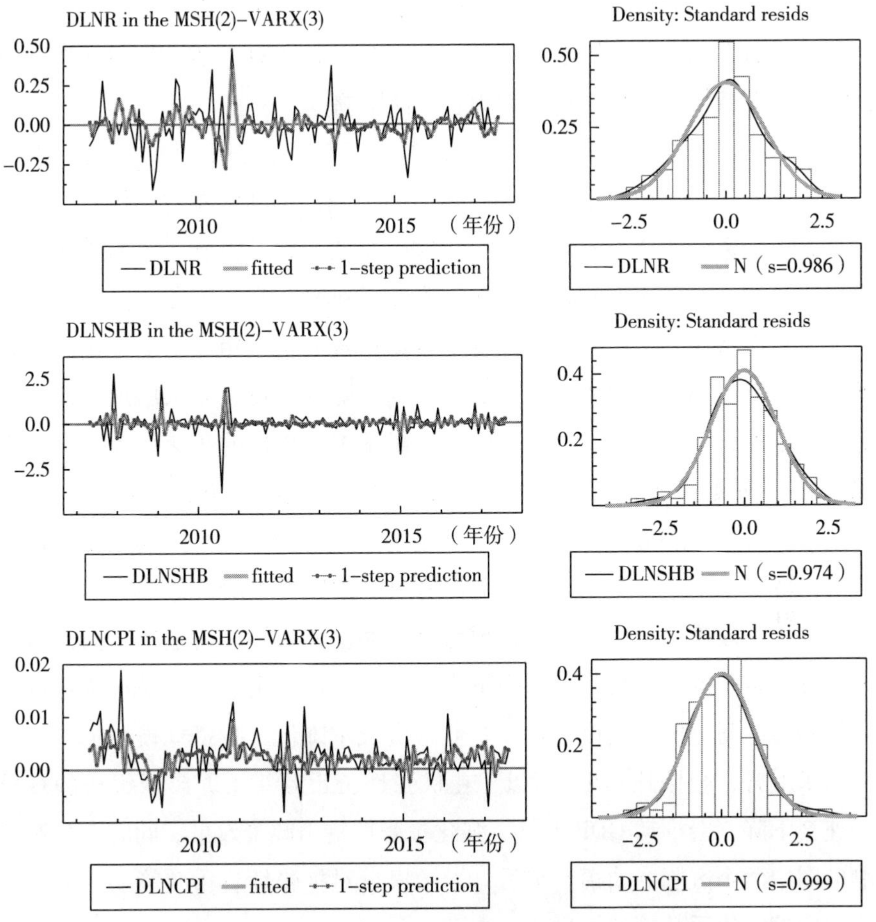

图 6－18　MSVAR 模型对变量拟合及残差分布

（6）实证结论。考察的仍是利率渠道，区制 1 代表紧缩的货币政策，区制 2 代表宽松的货币政策。通过模型的参数分析发现，滞后 1 期、2 期的利率增长率对当期的利率增长率有负向影响，滞后 3 期对当期有正向影响；滞后各期的利率增长率对当期影子银行增长率均有负向影响；滞后 1 期和 3 期利率增长率对当期 CPI 增长率有负向影响，滞后 2 期对当期 CPI 有正向影响。滞后各期影子银行增长率对当期利率增长率均有显著的正向影响；对当期影子银行增长率均有负向影响；滞后 1 期和 3 期影子银行增长率对当期 CPI 增长率有负向影响，滞后 2 期对当期 CPI 增长率有正向影响。滞后 1 期 CPI 增长率对当期利率增长率有负向影响，滞后 2 期和 3 期均有正向影响；滞后 1 期和 2 期 CPI 增长率对当期影子银行增长率有正向影响，滞后 3 期有负向影响；滞后 1 期 CPI 增长率对当期 CPI 增长率有负向影响，滞后 2 期和 3 期对当期均有正向影响。

通过脉冲分析发现：区制 1 中，影子银行增长率上升的正向冲击使 CPI 增长率先小幅下降后又上升，经过波动后在 0.0003 左右保持稳定。区制 1 表现为紧缩的货币政策时期，在这一时期，影子银行业务的快速发展会提高 CPI。这是因为在紧缩的货币政策下利率上升，而影子银行提供一定的流动性从而满足由于紧缩性货币政策出现的资金短缺，资金量的回升使利率有所下降，从而使企业融资成本相对降低，投资需求增加从而拉动总需求增加，会推动 CPI 上升。所以，影子银行规模的快速扩大会削弱紧缩性货币政策的效果。区制 2 中，CPI 增长率先降后升，经过波动后在 -0.0015 左右保持稳定。在区制 2 表现为扩张的货币政策时期，影子银行业务的发展会降低 CPI，也就是说会削弱扩张性货币政策效果。而实际在扩张的货币政策中，影子银行表现为负向冲击的效果，与上述正向冲击情况相反。扩张的货币政策下利率下降，资金充足，企业更容易从资金成本较低的传统商业银行获得贷款，企业融资成本降低，投资规模增加，社会总需求上升，会推升 CPI。所以，在扩张性货币政策下，影子银行的规模增速会下降，会推动 GDP 上升，强化扩张性货币政策效果。同时，从脉冲响应图中两个区制变动幅度来看，影子银行对扩张性货币政策的效果要大于对紧缩性货币政策的效果。

3. 小结

总的来说，仅考虑利率传导渠道，在紧缩性货币政策下，影子银行的快速发展会促进经济增长，推升 CPI 使物价上升，从而削弱了紧缩性货币政策效果。在扩张性货币政策下，影子银行的发展会使 GDP 规模迅速下降，降低 CPI 使物价下降，削弱了扩张性货币政策的效果。在实际的情况中，紧缩的货币政策时期，影子银行快速发展，符合实证所得到的结论，影子银行的快速发展，削弱了紧缩性货币政策的效果；扩张的货币政策时期，由于影子银行的规模增速下降，会产生相反的结论，即会促进 GDP 和 CPI 的上升，强化扩张性货币政策的效果。所以，从利率传导渠道来说，无论从经济增长还是从物价角度，影子银行会削弱紧缩性货币政策效果，强化扩张性货币政策的效果。

综合来看，影子银行对货币政策的效果影响存在着非对称性。在利率传导渠道下，从经济增长的角度看，影子银行对紧缩性货币政策的影响效果要大于对扩张性货币政策的影响效果；从物价水平的角度看，影子银行对扩张性货币政策影响的效果大于对紧缩性货币政策的影响效果。

第7章

研究结论与政策建议

7.1 研究结论

（1）最初影子银行规模的扩张会抑制紧缩性货币政策工具的使用，即会抑制再贴现率的提高。因为影子银行的扩张短期内会提升资金成本，促使利率上升。利率的上升使货币政策出现收紧效果，若央行维持原经济状态，那么再贴现率可能会下降，用于抵消利率上升所带来的紧缩性影响。随后，影子银行规模的扩张会促进再贴现率上升，降低公开市场业务中资金的净投放量。随着影子银行信用创造所带来的货币供给量的增大，央行不得不减少资金净投放量和提高再贴现率抑制货币投放过多，即影子银行规模的增加会加大紧缩性货币政策工具的使用程度。从影响程度上看，短期内公开市场业务受影子银行的影响更大，长期内再贴现政策受影子银行的影响更大。公开市场业务动态反应持久性较长，但其对影子银行作用的反应存在时滞；再贴现政策动态反应持久性较短，影子银行对再贴现政策的作用在较短的时间就能完全发挥，其对再贴现政策的作用也没有时滞，冲击出现后作用立即显现。

（2）影子银行增长率的变动对货币供给量增长率最初具有正向作用，也就是说，影子银行增长率提高会推动货币供给量增长率上升，即影子银行的快速发展增加了货币供给量。经过短期内对货币供给量增长率的推升，金融市场中的流动性较多，企业获得资金较容易，而影子银行的资金成本较高，这使其信贷功能有所下降，货币供给量增长率有所下降，即影子银行规模增长率提高会抑制货币供给量增长率上升，这一负向作用在第3期达到最强。影子银行增长率的变动对利率增长率的变动最初有正向作用，这一正向作用在第3期达到最强，也就是说，影子银行增长率提高会促进利率增长率上升，说明影子银行规模的快速增长初期推升了融资的资金成本，使利率上升；第3期后，影子银行增长率的变动对利率增长率变动的正向作用减弱并逐渐显现负向作用，负向作用在第5期达到最大，说明影子银行增长率上升会抑制利率增长率上升。因为随着利率上升，金融市场的资金收紧，使很多企业的融资需求得不到满足，只能求助于影子银行进行融资，影子银行信贷功能增强，货币供给量增加，利率的增速放缓。

从货币供给量和利率的脉冲响应的对比分析中可以看出，影子银行的冲击对利率的影响要大于对货币供给量的影响，这说明影子银行对金融市场上资金成本的影响大于其信用创造的影响。同时，利率的动态反应持久性比货币供给量的动态反应持久性长，说明影子银行对利率的作用时间较长。从方差分解结果来看，影子银行对货币供给量的贡献度远小于对利率的贡献度。所以，总的来说，影子银行对利率的影响大于对货币供给量的影响。

（3）通过不同的传导渠道下影子银行对货币政策效果作用方向的实证分析，得出了相同的结论：在紧缩性货币政策下，影子银行规模增速上升会推动GDP和CPI上涨，从而削弱紧缩性货币政策效果。在扩张性货币政策下，影子银行规模增速下降会促进GDP和CPI上升，强化扩张性货币政策的效果。总之，无论从经济增长还是从物价角度，影子银行都会削弱紧缩性货币政策效果，强化扩张性货币政策的效果。

虽然影子银行对货币政策最终目标的作用方向相同，但作用力度或者最终目标对于影子银行冲击的响应程度不同，存在非对称性。从经济增长的角度看，影子银行对紧缩性货币政策的影响效果要大于对扩张性货币政策的影响效果；从物价水平的角度看，影子银行对扩张性货币政策影响的效果大于对紧缩性货币政策的影响效果。在对比两种传导渠道下最终目标对影子银行冲击的响应程度时发现，在紧缩的货币政策下，影子银行的冲击通过信贷传导渠道对经济增长的影响程度大于通过利率传导渠道对经济增长的影响程度，通过信贷传导渠道对物价水平的影响程度小于通过利率传导渠道对物价水平的影响程度。在扩张的货币政策下，影子银行的冲击通过信贷传导渠道对经济增长及物价水平的影响程度均小于通过利率传导渠道对经济增长和物价水平的影响程度。

7.2 政策建议

7.2.1 提高货币政策工具的使用效力

在货币政策的制定和实施过程中应该将影子银行纳入考虑范畴，从而抵消其影响政策意图的效应，提高货币政策工具的使用效率。第一，扩大法定存款准备金的计提范围。由于影子银行业务的资金获得不需要提取法定存款准备金，使大量的受法定存款准备金率限制的传统商业银行将其资金通过影子银行业务进行转移，使法定存款准备金政策的效果不能够很好地实现，所以应该扩大法定存款准备金的计提范围，对一些从事“类信贷”业务的非银行金融机构也应该计提法定存款准备金。第二，提高再贴现政策的效力。商业银行等金融机构对中央银行再贴现贷款依赖性的高低决定了再贴现政策的有效性。依赖度越高，再贴现政策越有效果。影子银行的发展使商业银行等金融机构对中央银行再贴现贷款的依赖度下降，从而削弱了再贴现政策的作用力度。所以，应该对票据市场加以完善，放宽对票据贴现的限制，为再贴现政策效率的提高创造较好的环境。第三，注重利用公开市场业务。影子银行的发展，使很多在宏观调控中融资受到限制的企业能够通过影子银行业务获得资金，从而削弱货币政策的效果，使市场中流动性过度增加。影子银行业务的资金不受法定存款准备金政策的约束，所以法定存款准备金政策的调控效果不强，而公开市场业务可以对市场中过多的流动性进行适时调节，能够有效回笼资金，也不会引起不必要的政策预期。公开市场业务要发挥作用，需要一个相对完善的金融市场，尤其是要推进债券市场的发展。所以，应该不断完善金融市场，为公开市场业务提供良好的操作环境。

7.2.2 选取合适的货币政策作为中介目标

货币政策中介目标是连接货币政策工具和货币政策最终目标的桥梁，是监测货币政策最终目标是否能够实现的阶段性观测目标，其能否发挥作用关系到最终目标能否实现或以多大程度实现。结论表明，影子银行对利率的影响大于对货币供给量的影响。在紧缩的货币政策下，影子银行的冲击通过信贷传导渠道对经济增长的影响程度大于通过利率传导渠道对经济增长的影响程度，通过信贷传导渠道对物价水平的影响程度小于通过利率传导渠道对物价水平的影响程度。在扩张的货币政策下，影子银行的冲击通过信贷传导渠道对经济增长及物价水平的影响程度均小于通过利率传导渠道对经济增长和物价水平的影响程度。说明影子银行对利率的影响和通过利率传导渠道影响货币政策最终效果的程度基本都大于对货币供给量及通过信贷传导渠道对最终效果的影响程度①。所以，从影子银行的角度来说，当前利率作为中介目标其效力大于货币供给量。利率的可测性较高，与最终目标的关联性也较强，可以重点应用利率作为中介目标进行货币政策效果的监测和调控。

当然，货币供给量作为中介目标的作用也不可忽视，现阶段应用货币供给量应该注重对货币口径的调整。随着金融的深化和金融创新产品的不断涌现，很多金融产品都能够发挥货币功能，货币层次的界限逐渐模糊，货币供给量的统计准确度下降，货币乘数稳定性降低。影子银行业务中部分产品已经具备货币的属性，而且影子银行资金能够参与信用创造，对货币供给量统计影响很大，使广义货币供给量 M2 的可测性降低，从而影响其可控性。所以，对货币统计口径进行重新修订是很必要的。对于把金融市场上具有一定货币属性的金融工具纳入 M2 的统计中，这有助于提高货币供应量统计的准确性。对于影子银行业务来说，大部分银行理财产品已经具备储蓄性质，流动性也较高，可以作为 M2 进行统计。这样，货币供

① 除了紧缩货币政策下影子银行通过信贷渠道影响经济增长的程度是大于通过利率渠道影响经济增长的程度之外。

给量作为货币政策中介目标的效力才会提高。

另外，还可以考虑挑选新的货币政策中介目标。2010 年，我国首次提出社会融资规模的概念，用以更加全面地反映金融对实体经济的融资总量。社会融资规模与最终目标的相关性更强，同时包含了直接融资和影子银行的信用创造规模，相较于货币供应量更能反映社会融资总量的变化。金融危机后，社会融资规模这一指标已经被我国所重视，逐步成为制定货币政策的重要参考和监测指标。所以，中央银行应该完善社会融资规模指标，就考察全社会信用总量方面可以尝试将其作为货币政策中介目标。

7.2.3 规范影子银行发展时需考虑其区制转换特征

通过实证研究发现，在不同的货币政策下影子银行对货币政策效果有不同的影响。影子银行会削弱紧缩性货币政策效果，强化扩张性货币政策的效果。影子银行对货币政策的效果影响存在着非对称性。从经济增长的角度看，影子银行对紧缩性货币政策的影响效果要大于对扩张性货币政策的影响效果；从物价水平的角度看，影子银行对扩张性货币政策影响的效果大于对紧缩性货币政策的影响效果。为了使货币政策的效果更好地实现，在实行紧缩的货币政策从而抑制经济过热时，应该限制影子银行的发展，如对银行理财产品和银信合作业务进行管制，降低由于影子银行的快速发展对政策效果的削弱。同时，由于在紧缩的货币政策下影子银行通过信贷传导渠道对经济增长的影响程度较大，也就是说，影子银行对紧缩性货币政策效果的削弱通过信贷传导渠道更明显，所以当货币政策重点为抑制经济过快增长时，应该从信贷传导渠道加强对影子银行的控制；在实行扩张的货币政策促进经济增长时，可以不必过于限制影子银行业务，甚至可以通过利率传导渠道加强影子银行对经济增长的促进作用，除非考虑物价是否会上涨过快引发通胀问题时再对所要重点实现的目标作权衡。

7.2.4 加强对影子银行业务的调查和相关指标的统计

随着影子银行规模的不断扩大及影子银行业务的不断发展，对影子银行规模进行有效监测十分重要。由于影子银行属于金融创新的产物，其业务有着很大的隐蔽性，需要大量的微观数据及市场调查数据对其规模进行测算。掌握影子银行规模的动态变化，有助于及时掌握其对货币供给的冲击，以及对货币政策的作用和对整个金融体系稳定性的影响。

参考文献

[1] 巴曙松. 应从改善金融结构演进角度客观评估影子银行 [J]. 经济纵横, 2013 (4): 27-33.

[2] 巴曙松. 中国货币政策有效性的经济学分析 [M]. 北京: 经济科学出版社, 2000: 23-25, 45-53.

[3] 蔡雯霞. 影子银行信用创造及对货币政策的影响 [J]. 宏观经济研究, 2015 (10): 44-53.

[4] 蔡真. 中国影子银行: 特征、模式与监管 [J]. 银行家, 2012 (11): 48-50.

[5] 蔡镇锐. 影子银行体系与货币政策调控研究——基于 DCC-MV-GARCH 模型的分析 [J]. 南方金融, 2014 (2): 26-29.

[6] 曹军新. 社会融资规模的引入与货币政策协作管理的实现框架 [J]. 征信, 2015 (1): 7-13.

[7] 曹永琴. 中国货币政策非对称效应形成机理研究——基于价格传导机制的视角 [J]. 南方经济, 2010 (2): 62-73.

[8] 陈剑, 张晓龙. 影子银行对我国经济发展的影响——基于 2000~2011 年季度数据的实证分析 [J]. 财经问题研究, 2012 (8): 66-72.

[9] 崔治文, 刘建平. 影子银行影响下货币政策中介目标选择研究 [J]. 征信, 2015 (3): 83-86.

[10] 丁文丽. 中国货币政策中介目标选择的理论研究与实证分析 [J]. 经济科学, 2002 (6): 44-51.

[11] 董华平. 中国货币政策信贷渠道传导效应研究 [D]. 博士学位论文, 复旦大学, 2014.

[12] 董运佳. 影子银行对货币政策传导机制有效性的影响研究——基于 SVAR 模型的实证检验 [J]. 经济问题, 2015 (3): 41-46.

[13] 范从来. 论货币政策中间目标的选择 [J]. 金融研究，2004 (6)：123-129.

[14] 方先明，权威. 信贷型影子银行顺周期行为检验 [J]. 金融研究，2017 (6)：64-79.

[15] 封思贤，张瑶. 我国影子银行发展与利率市场化改革的关系 [J]. 当代经济研究，2015 (5)：82-90.

[16] 耿强，樊京京. 不同货币政策工具的实施效果实证分析——基于中国数据的VAR检验 [J]. 当代财经，2009 (3)：55-61.

[17] 郭田勇. 中国货币政策体系的选择 [M]. 北京：中国金融出版社，2006：77-159.

[18] 何国华，黄明皓. 开放条件下货币政策的资产价格传导机制研究 [J]. 世界经济研究，2009 (2)：12-18.

[19] 何林，吕红娟，何炼成. 货币供应量作为货币政策中介目标的有效性分析——基于我国1999-2009数据的实证分析 [J]. 学术界，2010 (7)：55-65.

[20] 胡碧，曹宝玉. 影子银行对我国货币供应量统计的影响分析 [J]. 统计与决策，2015 (22)：143-147.

[21] 胡明东，宗怪斌. 银行理财产品创新对货币政策的影响 [J]. 武汉金融，2009 (4)：39-41.

[22] 胡育蓉. 中国货币政策工具的选择 [D]. 博士学位论文，南京大学，2014.

[23] 胡振华，王振，文兴易. 影子银行对我国货币政策调控效果的影响 [J]. 统计与决策，2015 (10)：151-155.

[24] 黄隽. 社会融资结构变化对货币政策的影响 [J]. 经济纵横，2011 (10)：68-72.

[25] 黄宪，王书朦. 通货膨胀预期视角下货币政策的非对称效应研究 [J]. 财贸经济，2014 (1)：65-74.

[26] 黄益平. 中国的影子银行会成为另一个次债？[J]. 国际经济评论，2012 (2)：25-27.

[27] 姜再勇，钟正生. 我国货币政策利率传导渠道的体制转换特

征——利率市场化改革进程中的考察 [J]. 数量经济技术经济研究，2010 (4)：62－77.

[28] 焦高乐，严明义. 影子银行对货币流通的影响研究 [J]. 华东经济管理，2016 (8)：102－107.

[29] 解凤敏，李媛. 中国影子银行的货币供给补充与替代效应——来自货币乘数的证据 [J]. 金融论坛，2014 (8)：20－28.

[30] 金成晓，马丽娟. 信贷政策效应的非对称性、信贷扩张与经济增长 [J]. 统计研究，2010 (9)：9－15.

[31] 敬志红，陈秋红. 我国影子银行风险监管问题研究 [J]. 江西社会科学，2013 (9)：48－51.

[32] 康枫. 我国金融创新对货币政策传导机制的影响研究 [D]. 博士学位论文，中央财经大学，2016.

[33] 李波，伍戈. 影子银行的信用创造功能及其对货币政策的挑战 [J]. 金融研究，2011 (12)：77－84.

[34] 李从文. 中国影子银行与货币政策调控——基于时变 Copula 动态相关性分析 [J]. 南开经济研究，2015 (5)：40－57.

[35] 李存，杨大光. 我国影子银行对实体经济的影响与对策 [J]. 经济纵横，2017 (3)：107－111.

[36] 李存，杨大光. 影子银行对我国货币政策的影响与对策 [J]. 经济纵横，2016 (7)：88－92.

[37] 李建伟，李树生. 影子银行、利率市场化与实体经济景气程度——基于 SVAR 模型的实证研究 [J]. 中南财经政法大学学报，2015 (3)：56－62.

[38] 李睿. 利率双轨制、影子银行和经济增长 [D]. 博士学位论文，山东大学，2015.

[39] 李若愚. 当前“金融热、实体冷”现象解析与建议 [J]. 金融与经济，2013 (6)：45－48.

[40] 李向前，诸葛瑞英，黄盼盼. 影子银行系统对我国货币政策和金融稳定的影响 [J]. 经济学动态，2013 (5)：81－87.

[41] 李小开. 影子银行与广义货币供应量动态关系的实证分析 [J].

财会月刊，2013（10）：82－84.

［42］李新功．影子银行对我国货币供应量影响的实证分析［J］．当代经济研究，2014（1）：71－76.

［43］李扬．影子银行体系发展与金融创新［J］．中国金融，2011（12）：35－37.

［44］李媛，解凤敏．影子银行体系下货币政策传导“渗漏”与“扭曲”效应研究［J］．财经问题研究，2014（5）：28－32.

［45］林琳，陈伟，刘波．影子银行背景下中国货币政策的实施效应［J］．经济与管理研究，2015（9）：37－42.

［46］刘斌．我国货币供应量与产出、物价间相互关系的实证研究［J］．金融研究，2002（7）：10－17.

［47］刘惠好，杜小伟．影子银行、银行信贷对我国经济增长影响差异性的实证研究［J］．统计与决策，2015（14）：153－156.

［48］刘金全，刘兆波．我国货币政策的中介目标与宏观经济波动的关联性［J］．金融研究，2008（10）：37－47.

［49］刘明志．货币供应量和利率作为货币政策中介目标的适用性［J］．金融研究，2006（1）：51－63.

［50］刘润佐，王光远，罗钢青．中国式影子银行体系信用创造和扩张机制——从信托公司角度的考察［J］．投资研究，2014（9）：147－152.

［51］骆振心，冯科．影子银行与我国货币政策传导［J］．武汉金融，2012（4）：19－22.

［52］马君实．中国货币政策目标研究汇［M］．北京：中国金融出版社，2009：71－88.

［53］马鑫媛，赵天奕．非正规金融与正规金融双重结构下货币政策比较研究［J］．金融研究，2016（2）：137－144.

［54］毛定祥．我国货币政策财政政策与经济增长关系的协整性分析［J］．中国软科学，2006（6）：46－52.

［55］毛泽盛，许艳梅．影子银行、信贷渠道与货币政策非对称效应［J］．财经论丛，2015（3）：39－47.

［56］米什金．货币银行学［M］．北京：中国人民大学出版社，2011：

349 - 364.

[57] 欧阳志刚，王世杰．我国货币政策非对称效应研究——基于银行贷款渠道的视角 [J]．经济研究，2009 (9)：27 - 38.

[58] 潘静．中国影子银行体系监管的路径选择与制度构建 [D]．博士学位论文，西南财经大学，2014.

[59] 彭文玉，孙英隽．中国式影子银行对于货币政策目标的影响 [J]．浙江金融，2014 (3)：51 - 55.

[60] 彭兴韵，施华强．货币市场对货币政策的操作反应 [J]．金融研究，2007 (9)：20 - 30.

[61] 裘翔，周强龙．影子银行与货币政策传导 [J]．经济研究，2014 (5)：91 - 104.

[62] 单畅，韩复龄，李浩然．影子银行体系对房地产价格的作用机理探究 [J]．技术经济与管理研究，2014 (4)：94 - 98.

[63] 邵宇．新政机遇 [M]．北京：中信出版社，2014.

[64] 盛天翔，范从来．信贷调控：数量型工具还是价格型工具 [J]．国际金融研究，2012 (5)：26 - 33.

[65] 史焕平，李泽成．货币政策、影子银行规模增速与经济增长 [J]．金融论坛，2015 (7)：37 - 48.

[66] 宋东方．影子银行对我国货币政策工具的影响研究 [D]．硕士学位论文，东北财经大学，2014.

[67] 宋旺，钟正生．基于 MS - AR 模型的中国金融脱媒趋势分析 [J]．财经研究，2010 (11)：115 - 126.

[68] 宋巍．中国影子银行风险管理研究 [D]．博士学位论文，辽宁大学，2015.

[69] 孙博．中国影子银行发展研究 [D]．博士学位论文，吉林大学，2016.

[70] 汤克明．影子银行体系发展及其对货币政策传导机制的影响 [J]．武汉金融，2013 (3)：26 - 28.

[71] 唐红娟．影子银行体系：功能、脆弱性与监管改革 [M]．北京：知识产权出版社，2012：174 - 185.

[72] 万解秋. 货币政策传导和有效性研究 [M]. 上海: 复旦大学出版社, 2011: 253 - 275.

[73] 王悖力, 李建军. 中国影子银行的规模、风险评估与监管对策 [J]. 中央财经大学学报, 2013 (12): 20 - 25.

[74] 王博, 刘永余. 影子银行信用创造机制及其启示 [J]. 金融论坛, 2013 (3): 3 - 8.

[75] 王广谦. 中央银行学 [M]. 北京: 高等教育出版社, 2006: 193 - 215.

[76] 王璐, 瞿楠. 货币政策中介目标选择——基于金融创新和利率市场化的视角 [J]. 河北经贸大学学报, 2016 (3): 58 - 66.

[77] 王淼. 影子银行体系影响下的我国货币政策传导机制研究 [J]. 商业时代, 2013 (13): 50 - 51.

[78] 王铭利. 影子银行、信贷传导与货币政策有效性——一个基于微观视角的研究 [J]. 中国软科学, 2015 (4): 173 - 182.

[79] 王培辉. 我国货币政策非对称效果研究 [J]. 山西财经大学学报, 2010 (10): 35 - 41.

[80] 王森, 周茜茜. 影子银行、信用创造与货币政策传导机制 [J]. 经济问题, 2015 (5): 48 - 52.

[81] 王伟. 金融危机背景下中国货币政策有效性的实证研究 [J]. 求索, 2011 (2): 14 - 16.

[82] 王旭东. 我国数量型与价格型货币政策调控的宏观经济效应研究 [D]. 博士学位论文, 武汉大学, 2014.

[83] 王亚楠. 影子银行信用创造对货币政策的影响——基于 VAR 模型的实证分析 [J]. 经济与管理, 2017 (3): 63 - 67.

[84] 王钰, 李从文. 货币政策、影子银行及流动性 "水床效应" [J]. 金融经济学研究, 2015 (4): 17 - 30.

[85] 王增武. 影子银行体系对我国货币供应量的影响 [J]. 中国金融, 2010 (23): 30 - 31.

[86] 王振, 曾辉. 影子银行对货币政策影响的理论与实证分析 [J]. 国际金融研究, 2014 (12): 58 - 66.

[87] 王中林. 货币政策利率传导机制有效性研究 [D]. 博士学位论文，华中科技大学，2016.

[88] 肖卫国，刘杰. 可预期与不可预期货币政策时滞的实证测度 [J]. 统计研究，2013 (12): 64-68.

[89] 谢平，张怀清. 融资结构、不良资产与中国 M2/GDP [J]. 经济研究，2007 (2): 27-37.

[90] 徐琳. 我国货币政策利率传导机制研究 [D]. 博士学位论文，福建师范大学，2014.

[91] 徐滢，周恩源. 影子银行体系金融不稳定性扩大机制与美联储货币政策研究 [J]. 上海金融，2011 (7): 95-99.

[92] 许少强，颜永嘉. 中国影子银行体系发展、利率传导与货币政策调控 [J]. 国际金融研究，2015 (11): 58-68.

[93] 阎庆民，李建华. 中国影子银行监管研究 [M]. 中国人民大学出版社，2014.

[94] 颜永嘉. 影子银行体系的微观机理和宏观效应——一个文献综述 [J]. 国际金融研究，2014 (7): 46-52.

[95] 杨霞，朱玲. 影子银行对货币政策调控体系影响的实证分析 [J]. 统计与决策，2017 (14): 170-173.

[96] 杨小平. 我国影子银行体系及影响 [J]. 中国金融，2012 (16): 71-72.

[97] 杨云. 影子银行体系对流动性的影响——兼议对货币政策中介目标的挑战 [J]. 西安交通大学学报（社会科学版），2015 (9): 33-39.

[98] 姚军，葛新峰. 我国影子银行的发展现状及其对信贷调控政策的影响 [J]. 金融纵横，2011 (10): 11-14.

[99] 易宪容. 美国次货危机的信用扩张过度的金融分析 [J]. 国际金融研究，2009 (12): 14-23.

[100] 尹龙. 金融创新理论的发展与金融监管体制的演进 [J]. 金融研究，2005 (3): 7-15.

[101] 于菁. 中国影子银行对宏观经济影响的作用机理研究 [D]. 博士学位论文，东北财经大学，2013.

[102] 余永定. 社会融资总量与货币政策的中间目标 [J]. 国际金融研究, 2011 (9): 4 - 8.

[103] 袁增霆. 中外影子银行体系的本质与监管 [J]. 中国金融, 2011 (1): 81 - 82.

[104] 张波. 金融创新理论研究的新进展评析 [J]. 南开经济研究, 2002 (1): 69 - 72.

[105] 张建华. 中国金融体系 [M]. 北京: 中国金融出版社, 2010: 135 - 136.

[106] 张奎. 信用视角下影子银行货币创造问题研究 [J]. 武汉金融, 2016 (10): 31 - 33.

[107] 张奎. 中国货币政策有效性研究 [D]. 博士学位论文, 吉林大学, 2015.

[108] 张敏峰, 林进忠. 宏观审慎视角下我国影子银行宏观效应的实证分析 [J]. 上海金融, 2015 (11): 31 - 36.

[109] 张鹏. 影子银行影响货币市场流动性的机制研究 [J]. 金融监管研究, 2014 (1): 65 - 76.

[110] 张喜玲, 周远慧, 程方泽. 影子银行对货币政策的冲击效应分析 [J]. 武汉金融, 2015 (11): 6 - 10.

[111] 张玉娟, 贺俊. 我国财政货币政策有效性问题研究 [J]. 经济理论与经济管理, 2013 (11): 42 - 48.

[112] 张志栋, 靳玉英. 我国财政政策和货币政策相互作用的实证研究——基于政策在价格决定中的作用 [J]. 金融研究, 2011 (6): 46 - 60.

[113] 赵进文, 高辉. 资产价格波动对中国货币政策的影响——基于1994 - 2006 年季度数据的实证分析 [J]. 中国社会科学, 2009 (2): 98 - 114.

[114] 赵颖岚, 刘凯. 我国影子银行的非对称性宏观经济效应研究 [J]. 统计与决策, 2017 (13): 148 - 152.

[115] 周莉萍. 影子银行体系的顺周期性: 事实、原理及应对策略 [J]. 财贸经济, 2013 (3): 71 - 78.

[116] 周莉萍. 货币乘数还存在吗? [J]. 国际金融研究, 2011 (1):

16 -23.

[117] 周莉萍. 影子银行体系的信用创造：机制、效应和应对思路 [J]. 金融评论，2011 (4)：37 -53 +124.

[118] 周启清，韩永楠，孙倩. 我国影子银行货币创造对通货膨胀的影响——基于我国经济数据的误差修正模型检验 [J]. 中国软科学，2015 (4)：55 -63.

[119] 周小川. 金融政策对金融危机的响应——宏观审慎政策框架的形成背景、内在逻辑和主要内容 [J]. 金融研究，2011 (1)：1 -14.

[120] 周小川. 新世纪以来中国货币政策的主要特点 [J]. 中国金融，2013 (2)：9 -14.

[121] 朱恩涛，张小雅，翁玉颖. 我国影子银行对货币政策有效性的影响分析 [J]. 会计之友，2016 (7)：38 -43.

[122] 朱方圆，赫国胜. 货币政策与影子银行的交互影响 [J]. 金融理论与实践，2017 (2)：38 -41.

[123] 朱方圆. 货币供给量与影子银行、通货膨胀的关系——基于可变参数状态空间模型的实证检验 [J]. 河北工业科技，2017 (5)：311 -316.

[124] 朱新蓉，李虹含. 货币政策传导的企业资产负债表渠道有效吗——基于2007 -2013 中国数据的实证检验 [J]. 金融研究，2013 (10)：15 -27.

[125] Abdul Abiad，Ashoka Mody. Financial Reform：What Shakes It? What Shapes It? [J]. American Economic Review，2005，Vol. 95 (1)：66 -88.

[126] Allen，Linda. The Basel Capital Accords and International Mortgage Markets：A Survey of the Literature [J]. Financial Markets，Institutions and Instruments，2004，13 (2)：41 -108.

[127] Bernanke，B. S.，Nonmonetary Effects of the Financial Crisis in Propagation of the Great Depression [J]. American Economic Review，1983 (6)：257 -276.

[128] Bernanke，B. S.，and M. Gertler，Agency Costa，Net Worth，

and Business Fluctuations [J]. American Economic Review, 1989 (3): 14 -31.

[129] Bhattacharyya, I. R. Sensarma. How Effective are Monetary Policy Signals in India?[J]. Journal of Policy Modeling, 2008, 30 (1): 169 -183.

[130] Bill Gross. Beware Our Shadow Banking System [R]. http: //MoneyNews. com. cn. December, 2007.

[131] Bord, V. , Santos J. C. , The Rise of the Originate - to - Distribute Model and the Role of Banks in Financial Intermediation [C]. Federal Reserve Bank of New York Economic Policy Review, 2012, 18 (2): 21 -34.

[132] Borio, C. E. V. , The Implementation of Monetary Poficy in Industrial Countries: a Survey [R]. BIS, Monetary and Economic Department, 1997.

[133] Borio, Claudio. Market Distress and Vanishing Liquidity: Anatomy and Policy Options [R]. BIS Working Papers, 2004, No. 158: 1 -22.

[134] Brunnermeier, M. K. , L. H. Pedersen, Market Liquidity and Fundining Liquidity [J]. Review of Financial Studies. 2009. 22 (6): 2201 -2238.

[135] Campbell, R. , D. Huang. The Impact of the Federal Reserve Bank's Open Market [J]. Financial Markets, 2002, 5 (2): 223 -257.

[136] Caruana, Jaime. Why Central Bank Balance Sheets Matter [R]. BIS Working Papers, 2011 (12): 1 -10.

[137] Claessen, S. , Pozsar, Z. , Ratnovski, L. and Singh, M. , Shadow banking: Economics and policy. IMF Staff Discussion Note, No. 12, 2012: 4 -28.

[138] Corrinne, H. , Implementing Monetary Policy in the 2000s: Operating Procedures in Asia and Beyond [R]. BIS Working Papers, 2008.

[139] Cover, J. Asymmetric Effects of Positive and Negative Money - supply Shocks [J]. The Quarterly Journal of Economics, 1992, 107 (4): 1261 -1282.

[140] De Rezende, Felipe Carvalho. The Structure and the Evolution of

the U. S. Financial System, 1945 – 1986 [J]. Inernational Journal of Political Economy, 2011 (2): 21 –44.

[141] Den Haan, W. J, V. Sterk. The Myth of Financial Innovation and the Great Mo – deration [J]. The Economic Journal, 2011 (553): 707 –39.

[142] Dickey, D. A., Fuller, W. A., Likelihood Ratio Statistics for Autoregression Time Series with a Unit Root [J]. Econometrica, 1981, 49: 1057 – 1072.

[143] Driscoll, John C., and Aart C. Kraay. Consistent Covariance Matrix Estimation with Spatially Dependent Panel Data [J]. Review of Economics and Statistics. 1998, 80 (4): 549 –560.

[144] Duca, John V.. U. S. Business Credit Sources, Demand Deposits, and the Missing Money [J]. Journal of Banking and Financial, 1992, 16 (3): 567 –583.

[145] Dwyer, G. P., Tkac, P. The Financial Crisis of 2008 in Fined – income Markets [J]. Journal of International Money and Finance, 2009 (28): 1293 – 1316.

[146] Financial Stability Board. Shadow Banking: Scroping the Issues [C]. Financial Stability Board. 2011. 4. http: //www. fsb. org/.

[147] Freixas, X, and J. Jorge, 2008. The Role of Interbank Markets in Monetary Policy: A Model with Rationing [J]. Journal of Money. Credit and Banking, No. 6: 1151 – 1176.

[148] Funke, M., Mihaylovski, P., Zhu, HB. Monetary Policy Transmission in China: A DSGE Model with Parallel Shadow Banking, and Interest Rate Control [R]. Social Science Electronic Publishing, 2015 (9): 5 –40.

[149] Garcia, R., H. Schaller. Are the Effects of Monetary Policy Asymmetric? [J]. Economic Inquiry, 2002, 40 (1): 102 – 119.

[150] Goodhart C. and Schoenmaker D., Should the Functions of Monetary Policy and Banking Supervision be Separated [J]. Oxford Economic Papers, 1995 (47): 539 –560.

[151] Gorton, G, G. Pennacchi. Financial Intermediaries and Liquidity

Creation [J]. The Journal of Finance, 1990, 45: 49 –71.

[152] Gorton, G. and Metrick, A., The Run on Repo and the Panic of 2007 – 2008 [R]. Yale School of Management Working Paper, No. 4, 2009 (7): 1 –65.

[153] Gurley, J. E. Shaw. Money in a Theory of Finance [M]. The Brookings Institution Paper, Washington, D. C, 1960: 1 –360.

[154] Hicks. A Market Theory of Money [M]. Oxford: Claredon, 1989.

[155] Hoffmann, M., B.. A Poole Analysis in the New Open Macroeconomic Framework [J]. Review of International Economics, 2009, 17 (5): 1074 –1097.

[156] International Monetary Fund (IMF). Key Aspects of Macroprudential Policy [R]. IMF Policy Paper. Washington, 2013 (6).

[157] Jimenez, G., S. Ongena, J., L. Peydro, J. Saurina. Hazardous Times for Monetary Policy What Do Twenty – Three Million Bank Loans Say About the Effects of Monetary Policy on Credit Risk – Taking? [J]. Econometrica, 2014: 463 –505.

[158] Kashyap, A. Stein, D. W. Wilcox. Monetary Policy and Credit Condition: Evidence from the Composition of Exrernal Finance [J]. American Econimic Review, 1993, No. 1: 78 –98.

[159] Kaufmann, S. Is There an Asymmetric Effect of Policy over Time? A Bayesian Analysis Using Austrian Data [J]. Empirical Economics, 2002, 27 (2): 277 –297.

[160] Koenker R., Bassett G.. Quantile Regression [J]. Econometrica, Vol. 46, No. 1 1978, 30 –50.

[161] Koivu, T. Has the Chinese Economy Become More Sensitive to Interest Rates? Studying Credit Demanding China [J]. China Economic Review, 2009, 20 (3): 455 – 470.

[162] Krugman, P., The Return of Depression Economies and the Crisis of 2008 [M]. NY: W. Norton Company Limited, 2009: 153 –164.

[163] Li Jianjun and Hsu Sara. Shadow Banking in China: lnstitutional Risks [R]. Political Economy Research Institute Working Paper, 2014 (5): 1 - 18.

[164] Loutskina, E. The Role of Securitization in Bank Liquidity and Funding Management [J]. Journal of Financial Economics, 2011 (3): 663 - 684.

[165] Mazelis, F. Monetary Policy Effects on Financial Intermediation via the Regulated and the Shadow Banking Systems [R]. SFB Discussion Papers, 2014: 1 - 56.

[166] Mishkin, FS. The Channels of Monetary Transmission: Lessons for Monetary Policy [R]. NBER Working Papers, 1996 (2): 1 - 24.

[167] Moe, TG. Shadow Banking: Policy Challenges for Central Banks [J]. SSRN Electronic Journal, 2014 (3): 1 - 33.

[168] Nakajima, J., M. Kasuya, and T Watanabe. Bayesian Analysis of Time - varying Parameter Vector Autoregressive Model for the Japanese Economy and Monetary Policy [J]. Journal of the Japanese and International Economies, 2011, 25 (3): 225 - 245.

[169] Plantin, G., Shadow Banking and Bank Capital Regulation [R]. Toulouse School of Economics and CEPR, 2012 (5): 1 - 40.

[170] Pollin Robert. Two Theories of Money Supply Endogenerity: Some Emprical Evidence [J]. Journal of Post Keynesian Economics, Vol. 13, 1991, No. 3: 336 - 396.

[171] Poole, W. Optimal Choice of Monetary Policy Instruments in a Simple Stochastic Macro Model [J]. The Quarterly Journal of Economics, 1970, 84 (2): 197 - 216.

[172] Pozsar, Z and Singh, M. The Non - bank - bank Nexus and the Shadow Banking System [R]. IMF Working Paper, 2011 (12): 1 - 190.

[173] Pozsar, Z, T. Adrian, A. Ashcraft, and H. Boeaky, Shadow Banking [R]. Federal Reserve Bank of New York Staff Reports, No. 458, 2012: 1 - 16.

[174] Primiceri, G. Time Varying Structural Vector Autoregressions and Monetary Policy [J]. Review of Economic Studies, 2005, 72 (3): 821 -852.

[175] Ramey V. A. How Important is the Credit Channel in the Transmission of Monetary Policy [J]. Public Policy, 1993: 1 -45.

[176] Ravn, O., M. Sola. Asymmetric Effects of Monetary Policy in the US [J]. Federal Reserve Bank of St. Louis Review, 2004, 86 (5): 41 -60.

[177] Schwarcz, Steven L. Regulating Shadow Banking [J]. Review of Banking and Financial Law, 2012, 31 (1): 619 -642.

[178] Senda, T. Asymmetric Effects of Money Supply Shocks and Trend Inflation [J]. Journal of Credit and Banking, 2001, 33 (1): 65 -89.

[179] Sheng, A. The Erosion of US Monetary Policy Management under Shadow Banking [C]. International Conference on Business and Information, 2011.

[180] Shin H. S. Securitisation and Finance stability [J]. The Economic Journal, 2009: 309 -332.

[181] Stephen, O., G. Rudebusch. Is There a Broad Credit Channel of Monetary Policy?[J]. FRBSF Economic Review, 1996 (1): 21 -26.

[182] Stock J. H., M. W. Waston. Interpreting the Evidence on Money Income Causality [J]. Journal of Econometrics, 1989 (40): 161 -181.

[183] Verona, F., Martinsz, M. and Drumond, I., (Un) Anticipated Monetary Policy in a DSGE Model with a Shadow Banking System [R]. Bank of Finland Research Discussion, No. 4, 2013: 73 -119.

[184] Woodford, M. Optimal Interest - rate Smoothing [J]. Review of Economics Studies, 2003, 70 (4): 861 -886.

[185] Woodford, M., Financial Intermediation and Macroeconomic Analysis [J]. Journal of Economic Perspectives, No. 4, 2010: 21 -44.

后　记

本书是在笔者的博士论文基础上修改成的，笔者在写作中查阅了大量的数据和文献资料，从多个角度研究影子银行对货币政策的影响。由于影子银行数据不容易获得，所以书中有关影子银行规模的测算可能具有一定的主观性，另外，在考察影子银行对货币政策中介目标的影响时所设指标也相对简单。在未来的研究中，可以考虑增加模型中指标设置，进一步探讨影子银行对货币政策的影响。

成书的过程需要感谢的人很多，首先要感谢我的恩师赫国胜教授，能拜读在恩师门下是我最大的荣幸。作为我学术道路的指引者，赫老师的睿智博学时刻启迪着我，严谨的治学态度不断激励着我。在赫老师的指导下，我的研究能力有了很大提高，这是我今后极其宝贵的财富。感谢白钦先教授给予我知识的传授与人生态度的启发。感谢刘俊奇教授、王伟教授、张虹教授给予我研究思路的宝贵意见。

感谢张满林教授、苏明政教授、唐吉洪副教授、李健副教授对本书提出的宝贵意见，感谢你们不吝所学，用自己的专业知识为后来者的成长提供帮助，感谢你们用心提出的每一个细致入微的建议和意见。作为学术道路上的后来人，如果没有你们的帮助和指导，本书的后续研究将无法实现新的突破。感谢天津财经大学张庆君教授为本书提出的宝贵建议。

感谢我的家人对我研究工作的支持和理解，他们竭尽所能、毫无怨言。感谢家人对我最无私的奉献和爱，正是他们的支持和鼓励给予了我不断克服困难的无限动力。

朱方圆

2020 年 6 月